项目来源：2021年度辽宁省教育厅科学研究项目（青年项目）
项目题目：POA理论下后疫情时代大学英语学习共同体构建研究
项目编号：LJKR0398

信息化背景下大学英语教学创新发展研究

满志慧◎著

吉林出版集团股份有限公司
全国百佳图书出版单位

图书在版编目（CIP）数据

信息化背景下大学英语教学创新发展研究 / 满志慧著 . -- 长春 : 吉林出版集团股份有限公司 , 2023.6
ISBN 978-7-5731-3946-7

Ⅰ.①信… Ⅱ.①满… Ⅲ.①英语—教学研究—高等学校 Ⅳ.① H319.3

中国国家版本馆 CIP 数据核字 (2023) 第 126931 号

信息化背景下大学英语教学创新发展研究
XINXIHUA BEIJING XIA DAXUE YINGYU JIAOXUE CHUANGXIN FAZHAN YANJIU

著　　者	满志慧
责任编辑	息　望
封面设计	李　伟
开　　本	710mm×1000mm　　　1/16
字　　数	215 千
印　　张	12
版　　次	2024年1月第1版
印　　次	2024年1月第1次印刷
印　　刷	天津和萱印刷有限公司

出　　版	吉林出版集团股份有限公司
发　　行	吉林出版集团股份有限公司
地　　址	吉林省长春市福祉大路 5788 号
邮　　编	130000
电　　话	0431-81629968
邮　　箱	11915286@qq.com
书　　号	ISBN 978-7-5731-3946-7
定　　价	72.00 元

版权所有　翻印必究

作者简介

满志慧，女，满族，1983年出生，现就职于渤海大学外语教研部，副教授，曾获第五届全国高等院校英语教师教学基本功大赛一等奖，辽宁省普通高等学校大学本科英语挑战赛一等奖。发表学术论文10余篇，主持参与省部级项目5项，参与出版专著2部。

前　言

随着全球化进程的不断加快，英语作为主要的国际通用语言，其国际地位不断提高，重要性也不断得到强化，能够熟练掌握并应用英语已经成为当前社会衡量人才的标准之一。与此同时，信息化成为社会的代名词，社会各个领域都在如火如荼地进行着信息化变革，教育领域也不例外，为了能够培养出符合社会要求的信息化人才，一场教育信息化的改革正在悄然开展。在这种背景下，教育部门与高校教师应当积极探索信息化元素与英语教学的深度融合，从而破解英语教学的难题，并开拓出一条顺畅的发展之路。信息技术的发展，为大学英语教学开辟了新思路，提供了新方法，也提出了新要求。有效利用信息技术，推动大学英语教学的改革与创新，成为广大英语教师不得不严肃面对和深入研究的问题。本书将在信息化背景下围绕大学英语教学的创新发展展开论述。

本书第一章为大学英语教学理论概述，分别介绍了大学英语教学的内涵、大学英语教学改革的历程及未来走向等内容；第二章为信息技术教学理论概述，主要介绍了三个方面的内容，依次为信息与信息技术简述、信息化教学的理论依据、信息技术在教育学中的应用；第三章为信息化技术与大学英语教学课程的整合，分别介绍了三个方面的内容，依次为信息技术与英语课程整合的概念、信息化技术与英语课程整合的模式、信息化技术与英语课程整合的意义；第四章为信息化时代背景下大学英语教学，依次介绍了信息化与大学英语听力及口语教学、信息化与大学英语阅读及写作教学、信息化与大学英语翻译及文化教学三个方面的内容；第五章为信息化时代背景下大学英语课程的多元化改革，主要介绍了三个方面的内容，分别为信息化大学英语教学评价的改革、信息化大学英语教师专业素养的改革、信息化与大学英语学习方式的改革。

在撰写本书的过程中，作者得到了许多专家学者的帮助和指导，参考了大量的学术文献，在此表示真诚的感谢！限于作者水平有不足，加之时间仓促，本书难免存在疏漏，在此，恳请同行专家和读者朋友批评指正。

满志慧

2023 年 2 月

目录

第一章　大学英语教学理论概述 1
　　第一节　大学英语教学的内涵 3
　　第二节　大学英语教学改革的历程及未来走向 11

第二章　信息技术教学理论概述 31
　　第一节　信息与信息技术简述 33
　　第二节　信息化教学的理论依据 43
　　第三节　信息技术在教育学中的应用 57

第三章　信息化技术与大学英语教学课程的整合 63
　　第一节　信息技术与英语课程整合的概念 65
　　第二节　信息化技术与英语课程整合的模式 66
　　第三节　信息化技术与英语课程整合的意义 81

第四章　信息化时代背景下大学英语教学 85
　　第一节　信息化与大学英语听力及口语教学 87
　　第二节　信息化与大学英语阅读及写作教学 101
　　第三节　信息化与大学英语翻译及文化教学 119

第五章 信息化时代背景下大学英语课程的多元化改革······139
　　第一节 信息化大学英语教学评价的改革······141
　　第二节 信息化大学英语教师专业素养的改革······150
　　第三节 信息化与大学英语学习方式的改革······161

参考文献······183

第一章 大学英语教学理论概述

本章主要介绍了大学英语教学理论概述，分别是大学英语教学的内涵、大学英语教学改革的历程及未来走向等内容。

第一节　大学英语教学的内涵

随着社会的发展、科技的进步，人们对英语的学习越来越热衷。英语是世界通用的重要语种，在国与国的交往中发挥着重要作用。大学英语教学是高等教育的重要组成部分，目的是提升学生的英语综合能力，用于日后的跨文化交际。本节主要围绕大学英语教学的意义、内容、原则展开论述。

一、大学英语教学的意义

（一）经济发展的需要

现代社会是经济全球化的社会，而这一背景对人才提出了更高层次的要求。我国要融入国际化社会，提高国家的国际地位和国际竞争力，必然需要培养国际化复合型人才。英语是通用性语言，因此加快培养国际化复合型人才的关键就是提升人才的英语能力，为促进我国对外经济合作与交流提供助力。所以，开展大学英语教学是经济发展的需要。

（二）科技发展的需要

在信息时代背景下，一个国家的经济发展必然与科技相关，如果科技比较落后，那么经济也很难发展。因此，需要学习先进的科技，然后基于我国的实际情况发展科研事业。例如，世界上有许多优秀的、先进的科研文献是英文文献，要想培养一个高层次的科研人才，必然需要具备深厚的英语基础。因此，开展大学英语教学是科技发展的需要。

（三）文化交流与发展的需要

随着经济、科技的发展，国家之间的交往日益频繁，其中就包含文化的交流。而英语在国际文化交流中有着十分重要的作用。开展大学英语教学，有助于实现国家之间、各国人民之间的文化交流，不仅促进了我国文化的发展，还能将我国优秀的文化输出。

二、大学英语教学的内容

大学英语教学的目标在于培养学生的综合语言能力,其主要包含如下几点内容:

(一)语言知识

学习一门语言的基础在于学习语音、词汇、语法、语篇、功能等,当然,这在英语语言学习中也不例外。高校学生学习英语的首要目的就在于学习这些语言知识,这些基础知识是培养学生综合语言能力的重要部分。也就是说,高校学生要想熟练运用英语这门语言,首要基础就在于对语言知识的把握。

(二)语言技能

除学习语言知识外,高校学生还需要学会英语语言的五项技能,即听、说、读、写、译。

听力技能是为了培养学生对话语含义的识别、理解与分析的能力。

口语技能是为了培养学生输出已知信息、表达自身思想的能力。

阅读技能是为了培养学生对语言内容的辨认与理解的能力。

写作技能是为了培养学生运用书面形式输出已知信息、表达自身思想的能力。

翻译技能是为了培养学生的综合能力,涉及信息的输入与输出。

听、说、读、写、译是高校学生综合运用能力的基础,这五项技能的训练,可以保证学生在具体的实践中做到得心应手。

(三)文化意识

语言与文化有着密切的关系,因此对语言的学习也离不开对文化的学习。如果语言教学脱离了文化教学,那么语言教学就没有思想性、人文性,因此,在教授英语时,教师需要引导学生弄清语言背后的文化知识,如西方国家的地理历史、风土人情、生活习惯等。在具体的教学中,有两点需要注意:

第一,要考虑高校学生自身的心理需求与认知能力,将文化知识循序渐进地导入,从而不断培养他们的文化意识,拓宽学生的文化氛围。

第二,在引导学生学习西方文化时,不要盲目地引入,要避免学生出现崇洋媚外的情况。

（四）学习策略

学习策略是学生为了学好语言知识，所采取的方法和步骤。在英语语言学习中，学习策略有很多，如情感策略、调控策略、认知策略等。高校学生只有培养自身的学习策略，才能更好地开展英语学习，提升自身的英语能力。具体而言，体现为以下两点：

第一，高校学生运用正确的学习策略有助于提升学习的效率，养成良好的学习习惯。

第二，高校学生运用正确的学习策略有助于改进学习方式，减少学习中遇到的困难，即使遇到困难也会找到合适的解决方式，最终提升自身的学习效果。

在大学英语教学中，教师应该引导学生发现和培养自身的学习策略，对自己的学习过程进行监控，如果在学习中遇到问题，也会调整自己的学习策略，尝试不同的学习策略。

三、大学英语教学的原则

教学原则是教师根据一定的教学目标，并遵循一定的教学规律来指导教学的一项基本要求和行为准则。大学英语教学的基本原则不仅应该反映英语这门学科的特点，也应该反映学生学习英语的心理特点，还应该反映中国人教授英语与学习英语的特点。在具体的教学实践中，很多专家学者总结了一些基本的教学原则，用以指导当前的大学英语教学，具体包含如下几个方面：

（一）学生中心原则

学生是教学活动的主体与内在因素，因而在英语教学中应坚持"以学生为中心"的原则，充分发挥学生的主观能动性，从而使教学质量得以提高，教学任务顺利完成。

学生中心原则指的是在教学中根据学生的实际情况出发并进行教学活动的设计与开展。具体来说，学生的实际情况包括五个要素，即真实的学习目标、真实的学习兴趣、真实的学习动机、真实的学习机制、真实的学习困难。

在具体的教学实践过程中，教师应该在考虑上述因素的基础上，鼓励学生积极参与教学活动，在获得知识的体验基础上，培养学生的语言能力、交际能力以及应用能力。

在坚持以学生为中心的教学原则下，学生能够感受到自身在英语教学与学习中的地位，从而以主人翁的身份进行英语学习，在学习上也会更加主动、积极。思辨能力的培养也应该以学生为中心展开，重视学生在教学和能力培养中的中心地位。

（二）兴趣性原则

兴趣是进行英语学习的重要推动力，在强烈的英语学习兴趣下，学生的语言学习效果会大大提升。学生能够用积极的态度探索不同的学习领域，在探索过程中又会增强英语学习的兴趣。

大学英语教学也应该重视兴趣性原则的影响范围，充分调动学生的情感因素，激发学生对英语学习的兴趣，从而营造一种积极向上的英语学习氛围。具体来说，兴趣指导下的英语教学活动可以从以下三个方面着手：

1. 充分了解学生的特点

由于年龄、性格、学习阶段的不同，学生所表现出的特点也不尽相同，教师应该充分了解学生具体的特点，从而在尊重学生的基础上，提高学生对英语学习的兴趣。

在大学英语教学实施中，教师需要从学生的生理、心理特点出发，制订不同的英语教学计划，灵活选取多样的教学手段，让学生切实体验英语学习的乐趣。

2. 改变传统的英语教学方式和评价方式

教师应该创设符合高校学生真实水平的教学内容、教学策略和实践，也需要开发学生的英语思维，帮助其对语言知识的内化与吸收，从而为日后的语言交际打下基础。

3. 对教材进行深度挖掘

教材是教学的指导性文件，在教学中起着举足轻重的作用。高校英语教师在教学前，应该认真、透彻地研究教材，挖掘教材中学生的兴趣点，避免教材枯燥对学生的影响，从而调动学生学习的积极性。

（三）发展性原则

所谓发展性原则，就是要保证所有学生的智力和非智力因素都得到发展。发展所有学生的智力因素与非智力因素既是教学工作的起点，也是教学工作的终点，还是衡量教学效果的重要标准。

大学英语教学过程既是学生认知、技能与情感交互发展的过程，又是生命整体的活动过程。因此，学生的发展可以看成是一个生命整体的成长，并且这个发展过程既有内在的和谐性，又有外在能力的多样性以及身心发展的统一性。要实现英语教学的发展性，需要做到下面三点：

第一，教师要关注每个学生的成长，以保证所有学生都得到发展。

第二，充分挖掘课堂存在的智力和非智力资源，并合理有机地实施教学，使之成为促进学生发展的有利资源。

第三，为学生设计一些对智慧和意志有挑战性的教学情境，激发他们的探索和实践精神，使教学充满激情和生命气息。

思辨能力属于学生人文素养提升的重要组成部分，对于学生的整体素质发展有着重要的影响作用。在教学过程中，教师需要遵循发展性原则的要求，使学生的能力与素养得到切实提高。

（四）综合性原则

大学英语教学还应该重视综合性原则，对语音、词汇、语法等知识进行交互教学，从而提高教学的实用性。具体来说，综合性原则指导下的大学英语教学应该重视以下三个方面的内容：

1. 整句教学与单项训练相结合

由于英语教学是为了提高学生的语言应用能力，因此在教学中教师最好可以采用整句教学的方式。

学生在学习到语言表达之后就能直接运用，有利于学生语感能力的提高。具体来说，整句教学的顺序是先教授简单句子，然后再教授较为复杂和长的句子，将整句教学和单项训练相结合。

2. 进行综合训练

语言学习是一个完整的整体，需要在教学中进行综合训练，也就是结合听、说、读、写四个部分进行。在大学英语教学中，听说读写的培养是教学的主要途径，教师可以训练学生的多种感觉器官，保证四项技能训练的数量、比例、难易程度，从而使学生完成不同的学习任务。

3. 进行对比教学

由于英汉语言的差异性，因此在大学英语教学中还需要进行对比教学，引导学生在语言使用中学习单词、语法、语音。这种对比教学的方式能够保证整体教学效果的提高。

（五）渐进性原则

大学英语教学中的渐进性原则指的是具体的教学活动要根据学生特点、年级特点进行，要符合学生认知的规律以及心理特征，做到从浅入深，由易到难。循序渐进有利于将学生的已有知识、生活经验及好奇心联系起来，有助于我们认清事物发生及发展的过程，明晰所学内容的条理，逐步掌握解决问题的方法，形成解决问题的能力。贯彻这一原则需要做到下面三个方面：

第一，精心设计每个教学环节，明确各个教学环节的目标，选择最佳的方法及手段，使知识的呈现生活化和生动化，使形象与抽象逐步过渡、操作技能与逻辑思维的发展有机结合。

第二，保证每个教学环节过渡的自然，做到承上启下。

第三，有序拓展知识网络，懂得每一次的学习都是知识的又一次积累和补充，以便形成较为完整的知识体系。

（六）持续性原则

在完成基础英语教学阶段的学习之后，学生还要向更高级别的英语教学阶段发展，继续进行英语学习，因此在英语教学中，教师就要坚持可持续发展原则，在实践中自觉地为学生打好向高级阶段学习的基础。具体可从下面两个方面入手：

1.做好知识的前后正迁移

遗忘是学习任何知识都不可避免的问题，因此我们必须通过巩固来习得语言知识。但是，仅凭巩固往往得不到满意的效果，而应在教学中培养学生的英语实践能力，也就是在发展中达到巩固，以巩固求发展。而巩固性和发展性需要在概念同化、知识和技能的迁移中体现出来。

因此，教学中应尽可能地通过各种方法来增大正迁移量，以便学生更好地掌握知识和提高实践能力。

2.培养学生学习英语的正确态度

培养学生学习英语的正确态度也能提升学生英语学习的持续性。具体来说，教师应该重点培养学生积极的、勇敢的学习态度，要让学生感受到英语学习的乐趣，同时要锻炼学生敢于使用英语进行交际的能力，要使学生将英语学习作为自身成长的一部分。

持续性原则的提出有助于学生语言能力的不断发展，需要教师和学生的不断努力。从教师的角度，教师应该做好知识的迁移，让学生提高对知识的应用能力。从学生的角度，学生应该培养学习英语的正确态度，在思辨性思维的作用下提升英语自主学习能力和应用能力，提高自身的文化素养和语言能力，最终能够达到使用英语进行交际的能力。

（七）以网络为手段原则

在大学英语教学中，还要将网络作为手段。在以网络为手段的原则中，还有很多细则，具体分析如下：

1.多媒体呈现原则

众所周知，声音加图像的形式要明显比单独表述方式有更大的优势，因此，学生同时接收言语信息与形象信息，这比单纯接收单一的信息更有意义。例如，在英美文学的学习中，学生一边听解说，一边通过幻灯片、录像、动画等看到与材料相关的视频信息，其学习效果会比单独听录音、单独看文字材料更有效。这就是梅耶所谓的"多媒体效应"。在这一环境下，学生能够同时建构两种心理表征、言语表征与视觉表征，并能够建立起言语表征与视觉表征之间的联系。

2. 时空同步原则

相关的言语信息与视觉信息往往出现在同一时空，而不是分散的或分别的，因此会更有利于学生接受和理解教学内容。例如，学生在了解自行车打气筒的工作原理时，如果一边听声音解说，一边观看动画演示就能够很容易让他们了解和把握。甚至，梅耶也指出这一学习效果能够提高50%。这就是所谓的"时空同步效应"。在这一环境下，相关的言语信息与视觉信息需要同步进入工作记忆区，便于二者建立联系。

3. 注意分配原则

在网络环境下，言语的呈现需要通过听觉信道，而不是视觉信道。例如，学生通过听解说、看动画来了解材料内容。当解说词与动画都以视觉形式呈现时，学生不仅要对动画信息加以注意，还需要对文字信息进行关注，因此会导致视觉负担加重，造成部分信息的丢失。但是，当文本信息和图像信息分别以听觉和视觉形成呈现，学生可以在听觉工作记忆区加工言语表征，而在视觉工作记忆区加工图像表征，这就大大减轻了学生的视觉负担，从而均衡分配，有利于学生对信息的理解和接受。因此，网络多媒体英语教学还需要坚持注意分配原则。

4. 个体差异原则

与基础好的学生相比，以上三条原则对于基础差的学生更有效；与形象思维差的学生相比，上述三条原则对形象思维好的学生更有效，因此，这些效应的产生都与学习者的个体差异有着密切关系。在以网络为手段的大学英语教学中，应该坚持个体差异原则，注意区分学生的原有基础知识能力及形象思维能力，使不同差异的学生都能够实现最好的言语与图像的结合，从而获取所需要的英语知识。

5. 紧凑型原则

以网络为手段的大学英语教学需要坚持紧凑型原则，这样有助于言语信息与图像信息的应用。在网络环境下，学生接收短小精悍的言语信息和图像信息，其学习效果更好。这就是"多余信息效应"。

第二节 大学英语教学改革的历程及未来走向

一、大学英语教学改革的历程

英语教学在中国的教育系统中占据了重要的地位，从小学一直延伸到博士研究生教育。大学英语教学的改革是一个持续的过程，而非一蹴而就或全面的改革。这个改革过程涉及英语教学系统的各个要素，包括但不限于教学政策、教学材料、课程设置、教学模式以及师资队伍的改革。这些改革都是为了提高教学质量，满足社会和学生的需求，以及适应科技和社会的发展。因此，我们可以说，英语教学的改革是一个复杂且多元化的过程，需要我们持续关注和努力。本节就从教学政策和教学材料的改革入手，围绕大学英语教学改革的历程进行分析。

（一）教学政策的改革

我国大学英语（含公共英语）的改革与教学政策的改革具有密不可分的关系，这是由我国现实的国情决定的，核心教学政策对全国高等院校的大学英语教学有着重要的指导、引领和规范的作用。两类核心政策文本的演变情况如表1-3-1所示。

表1-3-1 大学英语（含公共英语）核心教学政策文本演变情况

颁布或出版时间	名 称	备 注
1962.6	《英语教学大纲（试行草案）》	供高等工业学校本科五年制各类专业使用，是中华人民共和国成立后的第一份大学英语教学大纲
1980.8	《英语教学大纲（草案）》	高等学校理工科本科四年制试用，是改革开放后的第一份大学英语教学大纲
1985.2	《大学英语教学大纲（高等学校理工科本科用）》	

续表

颁布或出版时间	名称	备注
1986.3	《大学英语教学大纲（高等学校文理科本科用）》	
1987	《大学英语四级考试大纲及样题》《大学英语六级考试大纲及样题》	1987年9月和1989年1月分别举行了首次大学英语四级考试和大学英语六级考试
1994.3	《大学英语四级考试大纲及样题（增订本）》《大学英语六级考试大纲及样题（增订本）》	
1999.5	《大学英语口语考试大纲及样题》	1999年5月，全国大学英语四六级考试口语考试开始在部分城市开展
1999	《大学英语四、六级考试口语考试大纲及样题（附考生手册）》	
1999.9	《大学英语教学大纲修订本（高等学校本科用）》	不再分文理科和理工科，教学阶段分为基础阶段和应用阶段
2004.1	《大学英语课程教学要求（试行）》	培养学生的英语综合应用能力，特别是听说能力
2004	《大学英语四、六级考试口语考试大纲及样题（附考生手册）（第2版）》	
2006	《大学英语四级考试大纲（2006修订版）》《大学英语六级考试大纲（2006修订版）》	2006年12月起，全面实施新题型四级考试。2007年6月起，全面实施新题型六级考试
2007.7	《大学英语课程教学要求》	

由表1-3-1可以看出，在公共英语阶段（1949—1984）核心教学政策文本的演变是比较缓慢的，而到了大学英语阶段（1985年至今），其演变的速度逐渐加快。

有学者将公共英语的发展历程划分为两个阶段：第一阶段称为起步与辗转阶段（1949—1977），第二阶段称为恢复与发展阶段（1978—1984）。大学英语阶段的发展历程也可以划分为两个小阶段：第一阶段称为发展与稳定阶段（1985—2001），第二阶段则称为改革与提高阶段（2002年至今）。下面分别对各个阶段的大学英语教学政策进行简要分析：

1. 起步与辗转阶段

在起步与辗转阶段，仅有一份核心的英语教学政策文本——《英语教学大纲（试行草案）》，其于1962年6月经教育部颁布并实施。该大纲规定公共英语教学对象是"中学学过三年英语的学生"，教学目的是"为学生今后阅读本专业英语书刊打下较扎实的语言基础"，其对当时公共英语教学的制度化和规范化产生了重要的影响。

总结来说，该大纲具有四个方面的特点：一是以阅读为教学目标，二是教学内容以科技英语为主，三是教学目的是给学生打下语言基础，四是注重实践的作用。

2. 恢复与发展阶段

恢复与发展阶段的重要英语教学政策是《英语教学大纲（草案）》于1980年8月经人民教育出版社出版发行。该大纲将公共英语教学分为基础英语教学和专业阅读教学两个阶段，并对教学要求、教学目的、教学安排等做出了论述。与1962年的《英语教学大纲（试行草案）》相比，该大纲在教学要求方面提出了更高的标准，并规定公共英语基础英语教学阶段的教学目的是"为学生阅读英语科技书刊打下较扎实的语言基础"，专业阅读教学阶段的教学目的是"使学生具备比较顺利地阅读有关专业的英语书刊的能力"。

《英语教学大纲（草案）》是一份过渡性的大纲，对改革开放初期的公共英语教学的恢复和发展有重要的促进意义。

3. 发展与稳定阶段

如表1-3-1所示，在发展与稳定阶段共出现了七份重要的核心政策文件，总的来说，在课程政策方面，以往的理工科、文理科分立逐渐演变为各学科合流，形成了统一的高等学校本科用的大学英语教学大纲。①

其中,《大学英语教学大纲(高等学校理工科本科用)》和《大学英语教学大纲(高等学校文理科本科用)》与起步与辗转阶段和恢复与发展阶段的教学大纲相比,内容更加完整和详尽。二者的结构大致相同,教学要求和教学安排等也基本一致,理工科大纲中的教学目的是"培养学生具有较强的阅读能力、一定的听和译的能力以及初步的写和说的能力",是将英语作为学生"获取专业所需要的信息"的工具,并"为进一步提高英语水平打下较好的基础"。文理科大纲中教学目的仅比理工科大纲中少了"译的能力"。此外,两份大纲中的正文部分都分为六个方面:教学对象、教学目的、教学要求、教学安排、大学英语教学中需注意的几个问题、测试。

此后,有关大学英语四、六级考试以及口语考试为主体的大学英语考试体系逐渐确立,并在1999年制定了统一的《大学英语教学大纲(修订本)(高等学校本科用)》。

4. 改革与提高阶段

在改革与提高阶段共出现了四份重要的核心政策文件,在课程政策方面有《大学英语课程教学要求(试行)》与《大学英语课程教学要求》,在考试政策方面有《大学英语四、六级考试口语考试大纲及样题(附考生手册)(第2版)》《大学英语四级考试大纲(2006修订版)》与《大学英语六级考试大纲(2006修订版)》。

《大学英语课程教学要求》将大学英语教学视为"高等教育的一个有机组成部分",是"大学生的一门必修的基础课程",它在正文部分阐述了大学英语教学的性质与目标、教学模式、教学要求、教学管理、教学评估、课程设置等方面。具体来说,《大学英语课程教学要求》有以下五个特点:

第一,重新阐释了课程要求与教学大纲的关系。

第二,体现了当代教学的理念。强调互动与建构,解构与反思,对话与阐释,过程与主体。

第三,提高了教学要求,同时具有统一性与个体性。

---

① 郝成淼. 大学英语教育政策沿革略论——兼论大学英语教育发展历程[J]. 河南科技学院学报, 2012(5): 105.

第四，要求创新课程体系，改进教学模式。提出了采用基于计算机和课堂的英语教学模式。

第五，强化教学管理，倡导多元教学评估。教学评估有形成性评估和终结性评估两种形式，此外还包括对教师的评估。

三份关于大学英语考试政策的大纲明确阐释了四、六级考试和口语考试的考试性质、考试目的、考试形式、考试对象、考试内容等内容。其中，将大学英语考试的性质阐释为"在教育部高等教育司的主持和领导下、由全国大学英语四、六级考试委员会设计和开发与教育部考试中心共同实施的一项大规模标准化考试"。并且规定了大学英语考试的目的在于"准确衡量我国在校大学生的英语综合应用能力，为实现大学英语课程教学目标发挥积极作用"。通过对上述三份大学英语考试政策的分析，可以总结出其有以下四个特点：

第一，考试具有"政府主导、全国统一"的特征。

第二，都确定了考试属标准相关的水平考试。

第三，都强调了考试对教学的反拨作用。

第四，都将考试设定为有一定门槛限制的终结性考试。

（二）教学材料的改革

教学材料是影响英语教学的重要因素，教材的设计与编写既影响着教师教学方法、教学模式的选择，也影响着学生的学习活动。不进行教学材料方面的改革，大学英语教学改革就不能持久地向纵深方向发展。因此，教学材料的改革已成为大学英语教学改革中的一项重要任务，是改革的基础和关键，也是不能回避的问题。

概括来说，我国大学英语教学材料的改革大致经历了初始阶段、探索阶段、发展阶段和提高阶段四个阶段的发展。每个阶段的教材都有其鲜明的特点，下面进行具体的分析：

1. 初始阶段

我国大学英语教材在初始阶段的发展大致从 1961 年起至 1965 年。中华人民共和国成立以后，华北高等教育委员会颁布了《大学专科学校文法学院各系课程暂行规定》，对七个系的基本课程和选修课程进行了规定，涉及文学、哲学、法学、历史学、经济学、政治学、教育学,并提出各个系的外语课要尽可能开设俄文课。到20世纪50年代中期,高等学校的公共外语课仍是以俄语为主,在20世纪60年代后期,学习英语的学生人数才不断增加,公共外语课逐渐以英语为主。

在教材的编写方面,20世纪50年代我国还没有全国范围内统一使用的大学英语教材,学生在公共英语课上所使用的多是由本校英语教师所编写的非公开出版的英语讲义。

1962年,第一套较有影响的大学英语教材——《高等工业学校英语》由商务印书馆正式出版并公开发行,其是根据1962年发布的适用于高等工业学校本科五年制各类专业的《英语教学大纲(试行草案)》编写的。

20世纪60年代的大学英语教材中还有复旦大学董亚芬着手主编的文科非英语专业使用的《英语》和上海第二医学院谢大任主编的《医学英语》。[①]

这一阶段的英语教材受当时教育学和心理学理论的影响,基本上以语法为纲要,有的则吸收了结构主义的成分,强调句型操练,并侧重于培养阅读能力,其他方面的能力则很少顾及。

2.探索阶段

我国大学英语教材在探索阶段的发展是从1979年到1985年,该阶段的教材改革基本上仍是以课文为中心,以语法为纲要,但在教学形式上有所突破。

1978年,教育部在湖南大学召开了关于全国各高校在外语教学方面的工作会议,会上讨论了在探索阶段外语教材编写工作的有关问题。同年,在北京召开了全国外语教育座谈会。会议总结了中华人民共和国成立以来外语教育正反两方面的经验教训,还就教材编写、科学研究等方面进行了初步的规划。1979年在上海召开了科技英语研讨会,全国有40多所院校的代表参加了会议,会上探讨了有关公共外语的教学工作。这次会议的召开意味着公共外语已经成为教学中的一个重要领域。之后,1980年《英语教学大纲(草案)》的通过宣告了大学英语教学改革的开始。

党的十一届三中全会提出了实行对外开放等一系列的方针政策,引起了全社会对外语的重视,在其召开不久,教育部下达了《加强外语教育的几点意见》,

---

① 左桂春.我国大学英语教材变革研究[D].济南:山东师范大学,2008.

正确规定了外语教育的方针，与实际相符，受到了教育界的广泛欢迎引起了全国范围内的外语学习热潮。

在教材的编写方面，以往旧的大学英语教材已被彻底否定，各校纷纷在"结合典型产品组织教学"的教育方针指导下，将英语与某个专业相结合进行教材的编写，如机械英语、焊接英语、柴油机英语等。其中，一部分教材在20世纪80年代初期才公开出版。例如，《机械英语自学读本》（上海科学技术出版社，1981）和《焊接专业英语文选》（广西人民出版社，1983）等。十一届三中全会以后，受到改革开放政策的影响，大学英语教学也迅速恢复和发展起来，大学英语教材如雨后春笋般大量涌现。

从1977年起，大学英语教材进入了恢复阶段。1977年，人民教育出版社（现高等教育出版社）出版了大连海运学院主编的《基础英语》（共两册），这套教材对于当时普及和提高大学生英语水平有着积极的作用。1978年又出版了天津大学主编的《英语》（共两册）并在随后的一年中出版了上海交通大学主编的《英语》（共三册）。此外，这一阶段的大学英语教材还有北京大学杜秉正主编的《英语》（共两册）和南开大学蒋增光、钱建业主编的《英语》（共四册），以及复旦大学外文系文科英语教材编写组编写的《英语》（高等学校文科教材，非英语专业用）等。

随着英语教育事业的恢复，大学生的英语基础和水平都有了一定程度的提高。因此，一部分教材编写者开始将英语的教学提高到了语篇的水平，而不再局限于理解句子的含义。这一理念在上海工业大学主编的《英语》（1979）这一教材中体现得较为明显，该教材增加了阅读理解方面的练习。受到国外外语教学思想的影响，一些院校开始研发新的大学英语教材，这一时期的教材主要有上海交通大学吴银庚主编的《英语》（理工科通用，共四册），清华大学陆慈主编的《英语教程》（理工科通用，共四册）等。

20世纪80年代初期，随着国内"英语热"的兴起，大学生的基础英语水平有很大的提升。1983年的一项调查显示，有81%的人已经掌握了超过1400个词汇，因此吴银庚主编的《英语》（起点词汇量为700）和陆慈主编的《英语教程》（起点词汇量为450）已不再适应实际教学的需要。1983年以后，部分院校开始将一些国外编写的英语教材与这两套国内教材配合使用。概括来说，这一阶段的英语教材主要有以下三个特点：

第一，教材从一定的词汇量起点开始编写，这与大学新生在入学时就有一定的英语基础有关。

第二，大学英语教学的目的仍是以提高阅读能力为主，但同时也对听、说、写的能力培养提出了一定的要求。

第三，教材的编写注重培养语言的实践能力。

3. 发展阶段

第三代教材从1986年到20世纪90年代中期教材开始分为精读、泛读、快速阅读、听力、语法与练习等系列教材。党的十一届三中全会以后，全社会出现了学习外语的热潮，我国的大学英语教育也得到了空前的发展，可以集中体现为以下几个方面：

第一，实现了多语种的教学，至1984年年底，全国开设的外语语种共有34个。大多数的外语院系都有英、俄、法、德、日语。

第二，外语师资队伍壮大，达几十万人。

第三，外语教学科研队伍初步形成，如理工科公共外语教材编审委员会、高等学校外语专业教材编审委员会、学报编辑等。

第四，建立印刷出版基地，出版了大批外语教材、教学参考书、词典等书籍。

此外，《大学英语教学大纲（高等学校理工科本科用）》和《大学英语教学大纲（高等学校文理科本科用）》与之前的教学大纲相比更加详尽和完善，体现出了以下特点：提出了较高的教学要求；重视语言共核教学，打好语言基础；强调培养学生运用语言进行交际的能力；实行分级教学；定性定量化；举行国家考试。

在此背景下，根据以上两份教学大纲编写的新一代大学英语教材有以下几种：

埃文斯（G.R.Evans）和杜威·沃森（D.Watson）编写，由麦克米伦出版公司（Macmillan Publishers Limited）和高等教育出版社于1986年联合出版的《现代英语》（Modern English），其有三种教程：读写教程、泛读教程和听说教程。

由上海交通大学杨惠中主编，高等教育出版社在1987年正式出版的《大学核心英语》（College Core English），其有《读写教程》和《听说教程》两种，还配有《词汇练习册》。

由清华大学科技外语系编写，清华大学出版社于1987年出版的《新英语教程》(New English Course)，其分为《英语阅读》和《综合英语》两种。

由复旦大学、北京大学、华东师范大学、武汉大学等高校合作编写，复旦大学的董亚芬教授担任总主编，上海外语教育出版社于1992正式出版的系列教材《大学英语》(College English)（文理科本科用）。这是第一次采用系列教材的形式进行编写，分为《泛读 X 精读》听力《快速阅读》《语法与练习》五种。这一系列教材受到了广泛的欢迎，为了适应教学的需要，1997 年出版了修订本，标志着我国大学英语教材的编写进入了一个较为成熟的阶段。

总结来说，这一阶段的大学英语教材有以下特点：

首先，按照教学大纲编写，各套教材的主体教程都分为六册，以符合教学大纲所规定的 1~6 级的教学。

其次，教材突破一本书的传统开始向系列化发展。

最后，有明确的指导思想。遵循《大学英语教学大纲》的教学思想，开始重视语言交际能力的培养，在继续注重语言基础训练和阅读能力的培养的同时，普遍加强了听的训练，对说、写、译也予以关注。

4. 提高阶段

从 20 世纪 90 年代后期开始，出现了许多具有时代特征的教材。这些教材开始利用现代信息技术，从纸质平面教材向以多媒体网络为依托的立体式教材方向发展，但传统的教学模式仍未被打破。

20 世纪 90 年代后期，随着教学改革的进一步发展以及新的教学理念的提出，我国的大学英语教材开始出现了百花齐放、百家争鸣的局面。这一阶段的教材各具特色，使用较多的主要有以下几本：

1986 年出版的董亚芬主编的《大学英语》，其在 1997 年秉着"面向 21 世纪，将大学英语教学推上一个新台阶"的修订宗旨进行了第一次修订。

浙江大学应惠兰主编，由外语教学与研究出版社于 1998 年出版的《新编大学英语》(New College English)。这套教材有学生用书，也有教师用书，并且其起点较高，适合英语基础较好的学生使用。

翟象俊、郑树棠、张增健主编，1999 年由复旦大学、高等教育出版社出版的《21 世纪大学英语》(The 21st Century College English)。该教材共 4 册，词汇量大，生词较多，同样适合英语基础较好的学生使用。

由季佩英、吴晓真主编，上海外语教育出版社于2001年7月出版的《大学英语》全新版（College English）。该套教材起点较高，也适用于英语基础较好的学生使用。

郑树棠主编，由上海外语教学与研究出版社于2001年12月出版的《新视野大学英语》（New Horizon College English）。它是国务院批准的教育部"面向21世纪振兴行动计划"的重点工程——"新世纪网络课程建设工程"项目之一，其受到了社会各界的关注，拥有专用的语料库。

总结来说，第四代大学英语教材的共同特点是更重视提高学生的英语应用能力。除了学生课堂用书，还配有教师用书、练习册、挂图、卡片、录像带、多媒体光盘、课件等，教材的概念已从书本延伸到多媒体课件。它们都以现行教学大纲为中心，又各有特色，进行了多种不同的尝试。

目前，随着高校的扩招，大学新生英语语言基础的差距不断拉大，大学各个专业对英语水平的要求也多有不同，此外，大学生的自身发展需求在发生深刻变化。总体而言，学生对大学英语的需求越来越高，同时呈多元化倾向。"读写教程"或称"综合教程"的体系、篇章形式体现了主题教学、任务教学的新理念，在追求趣味性、实用性等方面做出了不懈努力。但总体而论，在新的形势下，大学英语教材的形式与内容仍不能满足学生的需求。

二、大学英语教学改革的未来走向

随着社会经济的发展和科学技术的进步，人类进入了信息社会的发展阶段。信息社会的来临，对教育教学提出了新的人才培养目标和挑战，同时也为教育的发展提供了新的机遇和有利条件。近年来，随着计算机、多媒体和互联网教育应用的飞速发展，高等教育的内容和形式发生了重大的变革，大学英语教学的内容和模式也随之发生了很大的改变。为了适应新形势下人才培养的需要，我国高等院校纷纷对大学英语教学进行了新一轮的改革，这一时期的改革呈现出新的趋势和走向。

为了了解现阶段我国大学英语教学改革的趋势和走向，作者开展了对我国高校教学改革的调研活动，为本校的教学改革寻找思路和方向，以期在此基础上制定一套适合本校需要的、具有自我特色的、切实可行的改革方案。调研的内容涉及大学英语教学的诸多方面，包括改革的初衷和定位、改革的主要内容与形式、改革的重点与难点，以及改革之后在大学英语教学中的课程设置、课程体系、教学模式、评价体系、师资培训等方面的重大变化。下面作者将基于调研的结果，总结和归纳新形势下我国大学英语教学改革的趋势与走向。

（一）重新确立新型的大学英语教学模式

为了适应国家和社会发展的需要，第四次全国教育工作会议提出了要创新人才培养模式，创新教育教学方法，倡导启发式、探究式、讨论式、参与式教学，激发学生好奇心，发挥学生主动精神，鼓励学生进行创造性思维，改变单纯灌输式的教育方法。《大学英语课程教学要求》（以下简称《课程要求》）指出，要在大学英语教学中采用新的教学模式。新的教学模式应以现代信息技术，特别是以网络技术为支撑，使英语的教与学可以在一定程度上不受时间和地点的限制，朝着个性化和自主学习的方向发展，改进以教师讲授为主的单一教学模式。这种新的教学模式应体现英语教学实用性、知识性和趣味性相结合的原则，有利于调动教师和学生两个方面的积极性，尤其要体现学生在教学过程中的主体地位和教师在教学过程中的主导作用。在充分利用现代信息技术的同时，要合理继承传统教学模式中的优秀部分，发挥传统课堂教学的优势。

新教学模式应能使学生选择适合自己的材料和方法进行学习，获得学习策略的指导，逐步提高其自主学习的能力。因此，教学模式的改变不仅是教学方法和教学手段的变化，而且是教学理念的转变，是实现从以教师为中心、单纯传授语言知识和技能的教学思想和实践，向以学生为中心、既传授语言知识与技能，更注重培养语言实际应用能力和自主学习能力的教学思想和实践的转变，也是向以培养学生终身学习能力为导向的终身教育的转变。

由于计算机、多媒体和互联网的普及，可获得的教学资源愈来愈丰富，现代信息技术应用在教育和教学领域的重要性日益为人们所认识。目前，随着多媒体和互联网技术的迅猛发展，建构主义的学习理论与教学理论在西方日渐风行。建构主义学习理论主张以学生为中心，强调学生是信息加工的主体，是知识意义的主动建构者；认为知识不是由教师灌输的，而是由学生在一定的情景下通过协作、讨论、交流、互助等学习方式，并借助必要的信息资源由学生主动建构的。在建构主义学习环境下"探索式""发现式"与"合作式"的学习过程是学生掌握学科内容的基本途径，也是以学生为中心教学模式中的基本教学形式。

随着计算机、多媒体和互联网等现代信息技术教育应用的飞速发展，建构主义学习理论正愈来愈显示出其强大的生命力，并在世界范围内日益扩大其影响。建构主义之所以能得到迅速推广，主要是因为计算机、多媒体和网络技术等现代信息技术为建构主义学习环境的实现提供了最理想的条件，而建构主义学习理论与教学理论则为多媒体和互联网在教学中的广泛应用，以及以学生为中心的教学模式的推广，提供了坚实的理论基础。在建构主义教育理论的指导下，有利于实现信息技术与课程的整合，能够把以计算机及网络为核心的信息技术，作为教学环境的创设工具和促进学生学习的认知工具，应用到各学科教学过程中。这就有利于将各种教学资源、教学要素和教学环节进行重新建构，相互融合，提高教学质量，促进传统教学方法的变革。信息技术与课程整合是我国 21 世纪基础教育教学改革的一个新途径，与学科教学有着密切的联系和继承性，同时又是具有相对独立性特点的新型教学模式类型。信息技术与课程整合，不是把信息技术仅仅作为辅助"教"或辅助"学"的工具，而是强调要把信息技术作为促进学生自主学习的认知工具和情感激励工具，利用信息技术所提供的自主探索、多重交互、合作学习、资源共享等学习环境，把学生的主动性、积极性充分调动起来，使学生的创新思维与实践能力在整合过程中得到有效的锻炼，这正是创新人才培养所需要的。由此可见，信息技术与课程整合是改变传统教学模式、实施创新人才培养的一条有效途径，也是目前国际上基础教育改革的趋势与潮流。目前，很多高校在大学英语教学中都非常注重学生自主学习能力的培养，重视大学英语第二课堂的建设。例如，清华大学、对外经贸大学、上海外贸大学等高校都在大学英语课堂教学的基础上，同时要求学生以自主学习的方式在语言实验室或通过自主学习的平台以及网络课程，扩充和强化课堂教学的内容。其中清华大学特别重视英语环境平台建设，针对学生的自主学习专门成立了英语学习网站（www.tsinghua.edu.cn）、英语交流与写作辅导中心（Academic English Communication Supporting & Research Center）、英语学习策略咨询辅导中心（English Learning Strategy and Consulting Center）、英语夏令营（English Summer Camp），这些都为培养学生的自主学习能力、拓宽知识面和个性化的学习创造了有利的条件。

（二）在学分制下建立大学英语课程体系

大学英语课程与其他通识课程和专业课程的结合是在学分制下进行的。在学分制状态下，由于实行了选课制，学生可以根据自己的能力、兴趣和需要比较自由地选择课程，自主制订学习计划，确定一个适合自己的课程体系表。大学英语课程通过与通识课程和专业课程的结合，为学生拓宽知识面、了解世界文化、提高人文素质和专业素养创造了有利条件。

目前，很多高校的大学英语教学改革都是从确定大学英语教学目标、开发和建设大学英语课程体系入手，并逐步形成了适合本校教学需要的、具有本校特色的大学英语课程体系。通常各高校将综合英语类和语言技能类的课程设置在大学一、二年级的基础阶段。语言应用类、语言文化类和专业英语类课程设置在三、四年级的高级阶段，这类课程通常和通识课程以及专业课程（把英语或英汉双语作为教学语言）的学习结合起来开设。英语课程的学习采取必修课程和选修课程有机结合的形式，使不同层次的学生根据个人的兴趣和需要，在英语应用能力方面得到充分的训练和提高。

以清华大学为例，学校根据对清华本科生毕业走向的调查以及清华研究生对英语的需求调查，发现大部分清华学生将来需要用英语进行学术交流，包括阅读专业文献、参加国际会议、国际期刊发表论文等几种主要需求。由此看出，学生对大学英语教学的需要不仅是普通英语，更是学术英语和专业英语。清华大学根据学校研究型大学的性质，将大学英语教学重新定位为培养学生的英语学术交流能力，提高学术素养。这就要求在大学英语教学中，把英语学习与专业学习相结合（所在院系专业课程的学习），加强英语产出能力培养，加强个性化英语学习。

根据大学英语教学的重新定位，清华大学在课程体系的建设方面进行了全面系统的改革。取消了原来传统的大学英语课程，代之以面向一、二年级开设的"通用学术英语系列课程"（包括"读写结合的通用学术英语课程"两类，分别为1～4级），以及面向三、四年级开设的"英文素质选修课程系列"（包括英语语言与文化、英语语体与英语思维、美国社会与文化、英文诗歌赏析、英文影视欣赏、澳大利亚文学、科学史、逻辑比较与英汉翻译、欧洲文学概论、西方文学选读、西方戏剧概论、西方文化基础、科学与社会、语言与跨文化交流等）、"专项语言技能选修课程"（包括英语高级阅读、英汉互译实践与技巧、英语报刊选读、英语语汇、英语阅读技巧、实用英语交际技巧、英语演讲艺术、留学申请实用写作等）和"英语专业课"（以英语为教学语言讲授专业课程，结合学生所在院系专业课程的学习开设）。整个课程体系的设计初衷是，以学术英语系列课程（必修课组课程）为基础培养，以英文素质提高课程（选修课组课程）为依托，增强国际学术交流能力，提升与语言相关的人文素质，培养和提高自主学习能力，支撑专业英语学习。

对外经贸大学在课程体系改革的过程中则打通了英语专业与非英语专业之间的界限，把在大学一、二年级阶段开设的培养英语知识和英语技能的各门语言课程面向全校开放，把在大学三、四年级开设的英语通识课程和英语专业课程同样也面向全校开放，这种大学英语课程设置的方式是与对外经贸大学的办学性质和人才培养目标紧密相关的，其初衷是培养精通专业和外语的复合型国际化人才。需要指出的是，上述大学英语课程体系的改革均涉及全校所有学生，必须得到教学管理部门的支持、参与和统筹，以协调不同学院、系科、专业的课程安排，使学分体制下的选课制得以落实和顺畅运行。

（三）实行大学英语分级教学和因材施教

教育部颁布的《大学英语课程教学要求》指出，我国幅员辽阔，各地区各高校之间情况差异较大，因此大学英语教学应贯彻分类指导、因材施教的原则，以适应个性化教学的实际需要。《国家中长期教育改革和发展规划纲要（2010—2020年）》（以下简称《纲要》）进一步明确，要创新人才培养模式注重因材施教，关注学生的不同特点和个性差异，发展每一个学生的优势潜能，推进分层教学制度改革。

我们在大学英语教学改革的过程中还应当认识到，英语教学的过程涉及许多变量的综合作用与影响，有认知因素（包括智力水平、语言学习潜能、学习方法与策略等），有心理因素（包括年龄、性别、性格、情感等），有社会因素（包括学习动机与态度、学习环境、社会环境、民族认同感等），有教育因素（包括课程设置、教师水平、教学方法、班级大小等）。这些变量交织在一起并相互影响、相互作用，使英语教学的过程变得极为复杂，使学生英语学习过程和结果呈现出巨大差异。基于上述的各种客观情况，我们在大学英语教学中要特别强调因材施教、因地制宜，不能千篇一律、整齐划一。

基于上述原因，目前很多高校根据因材施教的原则，结合本校英语人才培养的具体目标，在大学英语教学中实行了分级教学。具体而言，学校通常会在新生入学时在全校范围内进行新生英语分级考试，这是实施大学英语分级教学的必要步骤和重要依据。实施分级测试的主要目的是根据学生的测试结果按程序进行分班，以便于之后的教学进度安排，使不同英语水平的学生进入不同的英语课程和教学班级进行学习。例如，清华大学新生入学的分级考试采用了北京市新生入学英语分级考试，根据学生的考试成绩的情况，将学生分为五个不同层次：预备级（60分以下），1级（60~70分），2级（70~80分），3级（80~85分），4级（85分以上）。根据分级考试成绩五种不同语言水平的学生分别进入外文系开设的不同层次、不同类别的学术英语系列课程（必修课程）学习，以及英文素质提高课程（选修课程），以培养学生国际学术交流的能力，提升语言相关的人文素质，培养和提高自主学习能力，支撑专业英语学习。实施分级教学，既可以结合学生的语言水平和兴趣及需要进行因材施教，同时也有利于提高教学效率，优化教学环节，实现人才培养的个性化目标。

（四）重视大学英语教材体系的研究和开发

教材是实现英语课程教学目标的重要材料和手段。教材为学生提供的语言材料是学生学习语言知识和发展语言技能的重要来源，教材中的语言实践活动和练习是学习语言知识和发展语言技能的重要过程和途径。选择和使用合适的教材是完成教学内容和实现教学目标的前提条件，高水平、高质量的教材对教师、学生、教学过程和教学结果都起到积极的作用。

目前，随着大学英语教学改革的深入和推进，大学英语教材体系也发生了翻天覆地的变化。英语教材在内容和形式上更新颖、更先进，丰富多样的英语教材在推动大学英语课程改革方面发挥了重要作用。与此同时，英语教育界的学者和一线教师对教材的认识也发生了显著的变化。在大学英语改革的过程中，对教材研究重视和感兴趣的学者和教师越来越多。例如，复旦大学在改革传统的大学英语教学内容、实施学术英语教学和专业英语教学的过程中，特别重视对于新课程体系下的英语教材的设计和开发，目前已经出版了一套《高等学校专门用途英语（ESP）系列教材》，对基于其他类型的课程而设计和编写的系列教材也在进行过程中。清华大学目前结合课程的教学，编写和出版了一套适用于本校教学需要的学术英语系列教材。很多高校还通过与相关出版社合作的形式，共同完成对新教材的编写和出版工作。

大学英语教学改革使得教材格局逐步向开放和自由的方向发展，教师和学校在教材的编写、选择、使用等方面拥有更多的自主权。新的教材制度和格局对广大英语教师和教学研究者来说既是机遇又是挑战。为了把握机遇，应对挑战，各高校应该积极开展有关英语教材的编写、选择和使用等方面的理论和实践研究挖掘自身潜力，为将来能够在英语教材的编写、选择、使用的过程中发挥应有的作用而创造条件。

（五）注重改革和完善大学英语测试与评价体系

大学英语教学改革在英语教学理念、课程设置、课程教材、教学方法、教学手段等方面深入进行的同时，很多高校认识到对大学英语测试和教学评价方式的改革也势在必行。大学英语测试与评价体系的配套改革问题，对整个大学英语改革的成败有着重要的影响。2007年教育部高教司颁布的《课程要求》指出，"教学评估是大学英语课程教学的一个重要环节，全面、客观、科学、准确的评估体系对于实现教学目标至关重要。教学评估既是教师获取教学反馈信息、改进教学管理、保证教学质量的重要依据，又是学生调整学习策略、改进学习方法、提高学习效率和取得良好学习效果的有效手段。"《课程要求》进一步指出，对学生英语学习的评价要包括形成性评估和终结性评估两种。建立多元的大学英语测试与评价体系对改进大学英语教学具有十分重要的意义。

从大学英语教学整个过程看，健全和完善的大学英语测试和评价体系应该包括起始性、形成性和终结性评价。目前，很多高校已经意识到终结性评价的不完整性，如忽视学生的学习过程以及他们日常的学习行为表现。由于终结性评价方式是以考试成绩作为最终评价标准，这无疑在某种程度上强化了分数的作用，使得相当一部分学生学习英语的动机和目的就是升学或考试。这种工具型的学习动机，显然不利于激发学生学习英语的积极性和持久性。同时，这种评价体制也极大地挫伤和遏制了英语教师对语言教学内容和方式进行改革和探索的积极性、能动性和创造性。

很多高校由此认识到，除非改变大学英语测试和教学评价的方式，否则就不可能根本改变教学的方法与过程。为了适应大学英语教学改革的需要，不少高校专门成立了测试团队，负责本校的大学英语测试和评价体系的改革工作。例如，清华大学成立了专门的测试命题小组；对外经贸大学正在酝酿建设大学英语测试题库；上海交通大学和华东师范大学也组建了各自的测试研究团队。改革的重点是健全和完善已有的大学英语测试与评估体系，规范已有的终结性评价（主要是基于课程的学业成绩考试），逐步加大形成性评估在整个教学评价体系中的比重，使形成性评价和终结性评价有机地结合起来。

（六）重视大学英语师资队伍的建设

教师是教育教学改革的重要媒介，是改革成败的关键因素。优秀的英语教师是英语学习环境下培养优质英语人才的根本条件。有了好的教师，课程可以改革，教材可以更新，教法可以调整，学生可以快速进步。没有合格的教师，先进的教学理念也会在执行中走形，精品教材也会成为应试的工具，学生的学习兴趣和动力无法保持，最终成为应试教育的牺牲品。教师在教学中的重要作用，是由教学的本质决定的。

在目前大学英语教学改革的过程中，全国各大高校日益重视对英语师资队伍的建设。在聘任制体制下，各高校更加重视候选人的专业功底，而不仅仅关注教学能力和教学技能。同时，也非常重视考查教师的研究能力和团队合作精神，这有利于组建一支高效的教学与科研能力俱佳的师资队伍。在教师管理方面，更加重视对教师教学与科研条件的保障工作和目标验收，注重教师培训和学术交流，不断扩大教师的学术视野，了解学科发展前沿。此外，还积极鼓励教师申请研究课题，加入由科研骨干牵头的、高水平的研究团队，帮助教师进入各自专业的学术研究主流。在作者所调研的高等院校中，不少大学（包括清华大学、对外经贸大学、上海交通大学、上海对外经贸大学等）都明确规定，每年都支持一定数量的英语教师在国内外进行专业领域的深造，或者定期给英语教师提供学术休假的机会。

（七）大学英语教学的个性化和特色化日益凸显

随着我国日渐深入地融入国际社会，以及参与国际事务进程和步伐的加快，国家对既精通专业又擅长外语、具有国际视野、通晓国际规则、能够参与国际事务和竞争的国际化、创新型人才的需求越来越迫切。随着社会对人才培养的要求的不断发展变化，教育部正组织外语教育的专家学者制定新的《大学英语教学指南》。该指南出台后将取代现行的《大学英语课程教学要求》，以适应国家对新型英语人才培养的需要，指导新形势下的大学英语教学。

在大学英语教学改革过程中，很多高校在注重保持原来大学英语教学优良传统的同时也在努力进行大胆的探索与革新，敢于形成新的特色与优势，以适应培养既精通专业又能熟练运用英语的新型、复合型国际人才。很多高校明确提出大学英语教学要朝着个性化和特色化的方向发展，这是和各个高校不同的高等教育人才培养目标紧密相关的。例如，外交学院、对外经贸大学、北京第二外国语大学等大学由于学校设置的专业对英语水平需求高，英语教学的起点高于一般大学，其大学英语教学的特色性很强。目前这些大学对非英语专业学生的大学英语教学仍然采取英语类院校的教学方式，即非英语专业学生修读英语专业学生的绝大部分课程，其毕业生培养目标最接近专业加英语的理想状态，培养出来的人才是既精通专业又熟练掌握英语的复合型人才。

此外，我国不少实力较强的综合类大学也逐渐形成了具有自身特色的培养模式。这类大学在明确学校人才培养目标的前提下，根据学校特点制订出相应的大学英语培养目标，然后进行一系列相关的配套改革。例如，复旦大学、清华大学、中国政法大学等高校根据自身研究型大学的定位，确定大学英语教学的主要内容是学术英语，将增强国际学术交流能力作为大学英语教学的重要目标，并通过分级教学实现不同层次学生英语能力的提升。这类培养模式，大学英语教学的课时少于第一种"专业+英语"的模式，但基本保证了大学英语教学的"四年不断线"，使学生的英语水平在四年的学习中逐步提高。应该说，当前的大学英语教学仍处在一个改革变化的时期，这个时期各高校大学英语教学逐渐开始分化和分流，很多高校的大学英语教学逐渐形成了鲜明的个性与特色。

为了培养出既精通专业又熟练掌握英语的高素质国际化人才，需要合理分析社会的人才需求，制定教育战略规划。大学英语教学改革作为高等教育改革的重要组成部分，是一个复杂的系统工程，其教学目标的设定、课程的设置、教学模式的选择和运用、测试与评价体系的确立、师资教育和培训等不同方面的改革，都必须和各高校宏观的人才培养目标和教育改革结合起来。改革的最终目的是使大学教育服务于社会，向社会输送新型的、高素质的国际化复合型人才。大学英语教学改革不是孤立的教学活动，需要学校各部门、不同专业学科的教学和行政管理部门分工协作、相互配合。在上述大学英语教学改革的不同环节中和英语教师日常教学活动有最直接、最密切联系的就是教学模式的改革。教学模式改革对于整个大学英语教学改革而言，起着至关重要的作用。教学模式的改变将引起教学过程的根本改变，也必将导致教育思想、教学观念、教与学理论的深刻变革。所以，教学模式的改革比教学手段、教学方法的改革意义更为重大，当然也更为困难。

随着大学英语教学改革的进一步深入，应该深化和细化对教学模式的研究，这将有利于更新教学观念，改进教学方式，实现信息技术与课程的整合，完善教学手段，积极探索启发式、探究式、讨论式、参与式教学，充分调动学生学习的积极性，激励学生自主学习，建立具有特色鲜明、灵活多样的大学英语教学模式，推进大学英语教学改革的进程。

第二章　信息技术教学理论概述

本章主要介绍了信息技术教学理论概述,主要从三个方面进行阐述,分别是信息与信息技术简述、信息化教学的理论依据、信息技术在教育学中的应用。

第一节　信息与信息技术简述

一、信息的相关理论

（一）信息的内涵

对信息有两种理解：信息就是消息，是具有新内容、新知识的消息；信息就是情报，是对我们有价值的情报。我们无须研究哪个定义更确切，但关于信息有两点应该明确：信息在客观上是反映某一客观事物的现实情况；信息在主观上是可接受、利用的，并可指导我们的行动。

广义上来说，信息是一种已经被加工为特定形式的数据。这种数据形式对接收者来说是有确定意义的，对人们当前和未来的活动产生影响并具有实际价值。

信息系统工程中对信息的五种理解：第一种，信息是表现事物特征的一种普遍形式；第二种，信息是数据加工的结果；第三种，信息是数据的含义，数据是信息的载体；第四种，信息是帮助人们做出决策的知识；第五种，信息是由实体、属性、价值所构成的三元组。

我们可以这样来理解信息：信息是构成一定含义的一组数据。这个提法把信息理解为一组有意义的数据，从而使对信息处理的理解更为清楚。

信息是一个正在不断发展和变化的概念，并且以其不断扩展的内涵和外延，渗透到人类社会和科学技术的众多领域，且与物质、能源一起，被列为现代社会和科技发展的三大支柱。信息的增长速度和利用程度，已成为现代社会文明和科技进步的重要标志之一。

信息与数据是信息系统中最基本的术语。数据是可以记录、通信和识别的符号，它通过有意义的组合来表达现实世界中实体（具体对象、事件、状态或活动）的特征。数据的记载方式可以是多种多样的，在逻辑上数据主要可分为数值型、文字型、语音型和图形图像型等多种类型。数据与信息的关系可以看作原料与成品的关系，对某个人来说是信息，对另一个人来说可能就是数据。信息是数据加工的结果，是数据的含义，而数据是信息的载体（图 2-1-1）。

```
┌─────────────┐    处理    ┌─────────────┐
│    数据     │──────────→│    信息     │
└─────────────┘            └─────────────┘
        │
        ↓
   ┌─────────┐
   │  储存   │
   └─────────┘
```

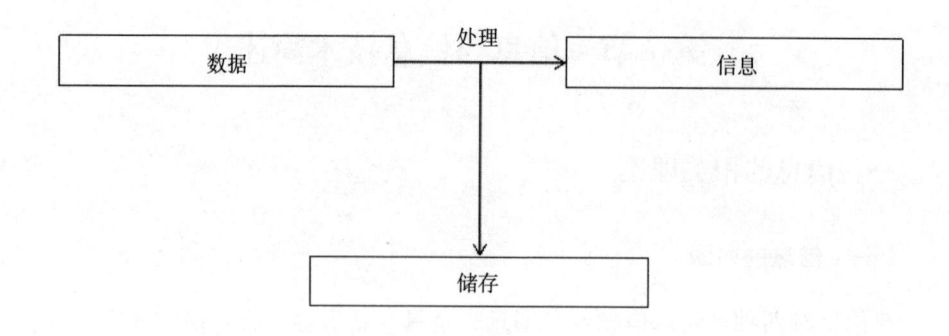

图 2-1-1　数据与信息的关系

（二）信息的形态

在当代，由于科学技术的发展，信息一般表现为四种形态：数据、文本、声音、图像。

1. 数据

数据通常被人们理解为"数字"，这不算错，但不全面。从信息科学的角度来考察，数据是指电子计算机能够生成和处理的所有事实、数字、文字、符号等。当文本、声音、图像在计算机里被简化成"0"和"1"的原始单位时，它们便成为数据。人们存储在"数据库"里的信息，自然也不仅仅是一些"数字"。尽管数据先于电子计算机存在，但是，导致信息经济出现的正是计算机处理数据的这种独特能力。

2. 文本

文本是指书写的语言——"书面语"，以表示其与"口头语"的区别。从技术上说，口头语言只是声音的一种形式。文本可以用手写，也可以用机器印刷出来。虽然电子计算机可以代替人们写字，但手写的文字永远具有魅力，不可忽视。在人类目前所处的经济阶段，电子计算机已经能够识别手写文字，一旦需要，它还能为协议、合同等"验明正身"。

3. 声音

声音是指人们用耳朵听到的信息。无线电、电话、录音机等，都是人们用来接收和处理这种信息的工具。

4. 图像

图像是指人们能用眼睛看见的信息。它们可以是黑白的，也可以是彩色的。它们可以是照片，也可以是图画。它们可以是艺术的，也可以是纪实的。经过扫描的一页文本和数据的图像，也被视为一幅单独的图像，虽然新的程序能再次改变这些图像。复印机、传真机、打印机、扫描仪是四种不同的但基本上又是发挥类似功能的机器，可以将其合并成为一种机器。当然，从技术处理难度来说，在静态的图像和动态的图像、自然的图像和绘制的图像之间，仍然存在着很大的差别。

在当代，每一种形态的信息都发生了技术上的重大变化：从大量非立体声到立体声的音乐，从黑白电视到彩色电视，从手拣铅字到电子排版等。同时，文本、数据、声音、图像还能相互转化。一张图像可能相当于1000个字，并由10万个点组成。"点"又可能是数字、文字或符号。乐谱上的音符之所以能被乐师演奏，是因为技术制作者把像点一样的图像转化成了声音。秘书记录别人口授的语言，则是把声音变成文字。当数字化信息被输入计算机或从计算机中输出，数字又可以用来表示上述这些形态中的任何一种或所有的形态。于是，过去曾被视为毫不相干的行业——计算机、通信、媒体、出版等，现在却又成了"亲戚"。

（三）信息的功能

信息的功能与信息的形态密不可分，并往往融合在一起。打个比喻，信息的形态是指信息的"模样"，而信息的功能是指信息通过它的形态"能做什么"。从基本意义上说，信息能通过其四种形态中的一种形态"捕捉"到环境中存在的信息——占有它，再把它表示出来，就如同算盘占有了会计师掌握的数字而生成账本一样，同理，打字机占有了作者写出的文字而生成书籍，照片则占有了风景的图像而生成图画。生成信息就是把已知的信息用一种容易理解的形式发送出去或接收过来，就是把信息数字化，将其整理成"二进位制"。

一旦信息被数字化——变成"0"和"1"，所有形态的信息在下面的三种功能中都能被加以处理，就好像它们原本就是一码事一样。当照片被分解（"读"）成数字时，图中的每一个点都被赋予一定的值，然后，照片便能通过电话或卫星发送出去或接收过来。数字录音带（DAT）在把声音存进去以后，也要经过类似的处理。由此可以看出，信息具有以下功能：

1. 处理信息

处理信息是计算机能为人类做出的一大贡献。计算机能先进行数据处理然后进行文字处理、声音和图像处理。计算机的处理功能包括转换、编辑、分析、计算与合成。由于利用了半导体技术，我们才得以操作和转换信息。虽然今天的计算机已集信息生成、处理和存储功能于一体，但其处理过程中的各个步骤，就如同在胶片上印上图像那样，彼此是截然不同的：显影、增强、放大，然后把包含在照片上的信息保存在一定的形式中。软件公司通过它们编制的程序，形成了一些处理信息的规则。

2. 存储信息

存储信息通常是指用信息的四种形态中的一种形态来取得信息，并将其保存下来，以便日后再用。在古埃及法老时代，文本和数据是存储在古书板上的，而敦煌壁画则存储了我国古代的许多画像。声音是到了工业时代，才被存储在唱片录音带和激光唱盘之中。而在信息时代，信息则可以存储在电脑、软盘、光盘之中。如果存储方式是静态的只是搜集和保存信息，而没有用信息来做任何事情，那么这种过程被称为"只读存储"（ROM）。然而，电子时代的存储是动态的。例如，文字处理机不但能把人们书写的东西存储起来，而且一旦需要，人们还可以进行检索和修改。

信息的生成和存储功能实际上是一件事情的两个方面，其中的关键就是搜集信息。

3. 传输信息

传输信息之所以能够实现，是由于有了电话等手段。在当代有线通信中，传输就是在同轴电缆上用电磁波的速度，或在光纤电缆上用光的速度，把各种形态的信息从一端传向另一端。存储是跨越时间来传输信息，而传输则是跨越空间来传输信息。简单的传输，诸如利用电话来进行传输，被传输的是声音和图像，而没有将这两者加以改变。然而，当网络不仅传输各种形式的信息，而且也履行生成、处理和存储功能时，便会给正在进行的各种经济活动增加巨大的价值。因此，这样的网络被称为增值网络。

（四）信息的十大特征

1. 可度量

信息能够使用某一种度量单位来进行度量，并进行信息编码。例如现代计算机中使用的二进制。

2. 可识别

信息能够采取直观辨别、对比识别以及间接识别等多种方法来把握。

3. 可转化

信息能够从一种形态转化为另一种形态。比如说，信息可以转化为语言，也可以转化为文字和图像，甚至还可以转化为电磁波信号或者计算机代码。

4. 可存储

信息可以存储。人们通常把大脑比喻成天然的信息存储器，可以把文字、图像、摄影、录音等进行信息存储下来。

5. 可处理

能把信息处理得最优的是人脑。人脑的思维可进行决策、设计、研究、写作、改进、发明、创造等多种信息处理活动。计算机也同样具有信息处理功能。

6. 可传递

信息的传递是与物质和能量的传递同时进行的。语言、表情、动作、书籍、报纸、期刊、广播、电视、电话等都是人们使用最为频繁的信息传递方式。

7. 可再生

信息在经过简单处理后，能够以另外的形式再生成信息。在电脑里面，输入各种数据文字信息，能够以显示、打印、绘图等形式再生成信息。

8. 可压缩

信息可以进行压缩，可以用不同的信息量来描述同一事物。人们常常用尽可能少的信息量描述一件事物的主要特征。

9. 可利用

信息具有一定的实效性和可利用性。

10. 可共享

信息具有扩散性，因此可共享。①

二、信息技术的内涵

（一）信息技术的含义

"信息技术"这一术语不仅含义十分广泛，而且还处于不断发展演变之中，因此很难给出一个确切的界定，人们为方便研究和使用，学者根据自身的理解对信息技术给出了不同的定义。目前已有的资料显示，国内和国外的学者对信息技术的定义有多种阐释，归纳起来，大致可分为"描述性定义"和"功能性定义"两种。②"描述性定义"主要是站在信息技术的具体形式的角度出发，论述信息技术的定义。这类定义主要是观察信息技术的外在表现形式，较为具体形象，比较容易理解，它的不足之处是不够准确。"功能性定义"注重的是阐明信息技术的内在本质或其根本作用，它与信息技术可能呈现或利用的物质或能量的具体形式无关。功能性定义中比较有代表性的有以下几种：

第一，信息技术主要是以信息的输入、存储、加工和传递为主要内容，它的走向是用微处理器代替电子机械设备。

第二，信息技术是关于信息的收集、加工、存储、检索、传递、利用的理论和方法的总称。

第三，信息技术是借助微电子学为基础的计算机技术和电信技术的结合而形成的手段，对声音、图像、文字、数字和各种传感信号的信息进行获取、加工处理、存储、传播和使用的能动技术。

第四，信息技术一般是指在计算机和通信技术支持下，用以采用、存储、处理、传递、显示等各种介质信息的技术的总称。

第五，信息技术指的是在计算机和通信技术支持下，用来获取、加工、存储、转换显示和传输文字、数值、图像、视频和声频以及声音信息，包括提供设备和信息服务等两方面的技术方法和设备的总称。

---

① 吴柏林. 信息技术及其应用 [M]. 上海：复旦大学出版社，2004.
② 张维明. 信息技术及其应用 [M]. 北京：中国人民大学出版社，2006.

第六，信息技术指的是关于信息的产生、识别、提取、变换、存储、传递、处理、检索、分析、决策、控制和利用的技术。

第七，信息技术是指一个信息系统在采集、输入、描述、存储、处理、输出和传递信息的过程中所用到的相关技术的总和。

第八，信息技术是指管理、开发和利用信息资源的有关方法、手段和操作程序。

第九，信息技术是指人们在生产斗争、科学实验中、在认识自然和改造自然过程中积累起来的获取信息、传递信息、存储信息、处理信息以及使信息标准化的经验、知识、技能和（或）体现这些经验、知识、技能的劳动资料有目的结合过程。

第十，信息技术是能够延长或扩展人的信息能力的技术。

以上对信息技术的界定虽然在表述形式上不一样，但在实质上还是没有差异的。都是从功能方面来揭示信息技术的本质。

（二）信息技术与信息科学

信息技术是指有关信息的收集、识别、提取、变换、存储、传递、处理、检索、检测、分析和利用等的技术。凡涉及这些过程和技术的工作部门都可称作信息部门。信息技术能够延长或扩展人的信息功能。信息技术可能是机械的，也可能是激光的；可能是电子的，也可能是生物的。[①]

信息技术包括通信技术、计算机技术、多媒体技术等。通信技术是现代信息技术的重要构成部分之一。通信技术的数字化、宽带化、高速化以及智能化是新经济时代发展的方向。在信息技术中，计算机技术占有重要的部分，计算机在最初的时候就是为人们服务的，帮助人们处理大量的信息。计算机在其不断的发展过程中，处理信息的能力也越来越强。现在计算机可以说是已经走进了千家万户，它渗透人们生活的方方面面。计算机还会继续朝着并行处理的方向发展。现代信息技术和计算机技术紧密相连。多媒体技术是在 20 世纪 80 年代发展起来的一门技术，它通过对文字、数据、图像、声音等信息进行计算机综合处理，让人们获得更加完善更加直观的综合信息。在未来的社会发展中，多媒体技术会占有很重

---

① 胡春旭．信息技术与课程整合的研究与思考 [D]．石家庄：河北师范大学，2013.

要的位置。信息技术的处理很多时候是图像和文字,所以视频技术在信息技术中也是研究的一大热点。

计算机技术与现代通信技术一起构成了信息技术的核心内容。计算机技术同样取得了飞速的发展,计算机的体积越小,功能则会越强大。从大型机、中型机、小型机到微型机、笔记本式计算机,再到微型机、笔记本式计算机、便携式计算机等,从 PC 机、286、386 到 486、586 等。计算机的应用也有很大的发展,比如,电子出版系统的应用改变了传统的印刷、出版方式;计算机文字处理系统的应用使作家改变了传统的写作方式,被称作"换笔"革命;光盘的使用让人类的信息存储能力得到很大程度的提升,并且出现了电子图书这种新一代电子出版物;多媒体技术的发展使音乐创作、动画制作成为普通人也能涉足的领域。

传感技术的任务是延长人的感觉器官收集信息的功能;通信技术的任务是延长人的神经系统传递信息的功能;缩微技术是延长人的记忆器官存储信息的功能。当然,这种划分只是相对的、大致的,没有明显的界线。如传感系统里也有信息的处理和收集,而计算机系统里既有信息传递,也有信息收集的问题。目前,传感技术已经有很大发展。除了普通的照相机能够收集可见光波的信息,微音器能够收集声波信息,现在已经有红外、紫外等光波波段的敏感元件,帮助人们获得那些人耳听不到的信息。人们还研制了各种嗅敏、味敏、光敏、热敏、磁敏、湿敏以及一些综合敏感元件。这样,就能够把那些人类感觉器官收集不到的各种有用的信息提取出来,从而延长和扩展人类收集信息的功能。信息科学是信息时代的必然产物。信息科学是一门新兴的跨多学科的科学,它以信息为主要研究对象。

信息科学的研究内容包括:阐明信息的概念和本质(哲学信息论);探讨信息的度量和变换(基本信息论);研究信息的提取方法(识别信息论);澄清信息的传递规律(通信理论);探明信息的处理机制(智能理论);探究信息的再生理论(决策理论);阐明信息的调节原则(控制理论);完善信息的组织理论(系统理论);扩展人类的信息器官功能,提高人类对信息的接收和处理的能力,实质上就是扩展和增强人们认识世界和改造世界的能力。这既是信息科学的出发点,也是它的最终归宿。

信息科学与技术的发展不仅促进信息产业的发展,而且大大地提高了生产效率。事实已经证明，信息科学与技术的广泛应用是经济发展的巨大动力，因此，各国的信息技术的竞争也非常激烈，都在争夺信息技术的制高点。

（三）信息技术与知识经济

知识经济是一种新型的经济形态，这是继农业经济、工业经济之后所出现的新型的经济形态。经济合作与发展组织（OECD）认为，"知识经济"指的是建立在知识和信息的生产、分配和使用之上的经济。知识经济的主要特点：以高新技术和信息技术为基础，以创新型人才素质为前提，知识和信息成为国家的重要战略资源，国家之间的竞争主要体现在对知识和信息的占有、分配和使用上，高科技产业成为国家经济的突出特征和发展方向。知识经济时代已经到来了。

1. 知识经济的内涵

对知识经济可以有多种不同的表述，但作为一个新概念，应该有明确的基本内涵作为研究的基础。

第一，人类应该重新认识知识，智力资源将被视为财富和资本。极大地加强智力资源的投入，从而尽可能高效地利用稀缺自然资源和开发富有自然资源，是新的经济增长的主要动力。

第二，知识经济的核心是创新，以科学创新和技术创新为主的知识创新是加强智力资源投入的最重要的形式，创新的关键是高科技产业化。

第三，知识经济绝不认为过去的经济没有知识，而是认为知识应创新、重组，更直接地、最大限度地投入生产；知识经济绝不认为高技术产业将取代传统的工农业，而是认为它将成为第一支柱产业，并改造现有的工农业和服务业。

2. 信息技术与知识经济的主要特点

信息技术具有高新技术的特点，但高新技术不一定都是信息技术。信息技术还具有实践性、现实性和广泛性，它与各个行业的融合处于多个层面，它的地位从辅助技术、关键技术、核心技术，直到作为管理的整体模式。信息技术的根本特点就是以更少的时间，完成更多的工作。如现代多层高速路由交换技术、IP 分组话音技术，异步传输 ATM 模式、CDMA 移动通信技术防火墙技术、JAVA 技术、SDH 传输技术等新的网络技术，都能在瞬间处理信息，做出关键性的决定。信息技术所带来的一场革命会彻底改变人们的生活和工作方式，这就是信息技术的划时代意义。

知识经济的特点更为宏观。

第一，知识经济是人的经济。在知识经济中，创造财富的首要条件是知识，而知识是存在于人的头脑中的，因此，掌握了知识的人就比物质资源本身更重要。物质本身是不能增值的，而人头脑中的知识是可以不断增值的。因此，在知识经济中，拥有知识就成为创造和获取财富的根本，人的社会价值被大大提升了，像比尔·盖茨（Bill Gates）、葛鲁夫（Grove）、杨致远等就是"知识就是财富"的生动写照。马克思早就指出，生产力中人是第一因素，但只有到了知识经济时代，科学技术成为第一生产力的时候，才是人的经济。这也是知识经济最为本质的特点。

第二，知识经济是智力经济。其表现在两方面：一是在使用工具方面，采用了计算机这类的智力工具，主要不是靠体力劳动，而是靠脑力劳动；二是经济的发展和财富的增长，是依靠科学知识和先进的技术，靠知识的密集，而不是靠大量占有有形资源，也不靠劳动力的密集。在这里，知识和知识分子的作用十分重要，如工厂技术改造、科学种田就是如此，体现了知识和知识分子的高附加值。

第三，知识经济是权力分散经济。在知识经济中，知识的运用不是简单的重复，而是与创新紧密结合的，这就需要给人以最大的创造空间和条件，独立作战，个体活动性强，这与大规模的工业经济是完全不同的。知识经济要求分散权力。这就意味着工作的每一个成员，将成为工作的主人，不仅是战斗员，更是指挥员。

第四，知识经济是全球性经济，也是零风险经济，知识经济最主要的技术基础是计算机及其网络。互联网提供的信息快而准，生产者可以不预先生产，而是根据市场需求，按需生产。这样信息灵通，产品就不会积压，不需要仓库，实现了零风险。而知识经济的形成和发展都离不开信息技术，更离不开知识。

3. 信息技术与知识经济的联系

信息技术与知识经济并不是一回事，但这两者是相互联系、相互作用、相互促进的。主要表现在以下三个方面：

（1）信息技术与知识经济的地位

为了促进知识经济的发展，就必须进行知识创新与传播。而信息技术又占据了极其重要的地位，如科技和管理知识以及有用的信息的生产、开发和研究创新，教育的普及和科普的宣传等这一切都离不开信息技术，离不开知识的利用。

（2）信息技术与知识经济的结构

知识经济是以高科技产业为依托的经济形式，信息技术是知识经济的重要支柱。以信息技术构成的信息经济，是以信息产业为依托的经济形式，信息产业只能是高科技产业的一个重要子产业。因为，除信息产业外，高科技产业还包括航天产业、生物产业等。因此，知识经济的信息经济范围构成比信息技术构成的更宽广。

（3）信息技术与知识经济的产业分类

我们再从产业的分类来看，目前大致有两种划分方法：一种是按产业的生产力层次划分，即农业、工业、服务业；另一种是按产业出现的历史顺序划分，即农业、工业、服务业、信息产业、航天产业和生物产业等。信息产业是继农业、工业、服务业之后的第四个产业，主要是以计算机和通信设备行业为主体的 IT 产业。产品主要包括信息设备、信息内容和信息服务及信息软件。其信息内容是知识密集型产品，如电子出版物。信息软件是智力密集型产品，如 Windows 操作系统、北大方正排版系统等，都是高科技、知识密集型的科技产品。在某种意义上，这就是知识经济。但按照波拉特理论，信息业应有两个不同的部门：第一信息部门和第二信息部门。两者的区别在于，信息技术产品是否用来在市场上交换。也就是说，对信息产业而言，信息技术也不完全体现为知识经济，有时也有非经济因素。对知识经济来说，信息技术是其发展的重要基础和条件；知识经济是信息技术的集中体现，二者相互联系、相互作用、相互渗透。

第二节　信息化教学的理论依据

一、人的全面发展理论

教育目的既是教育活动的宗旨，也是教育活动开展的依据。在不同的社会历史时期，由于受到历史条件、教育价值观的制约，把受教育者培养成符合何种质量规格的人才的要求各不相同。中国古代教育家提出通过礼、乐、射、御、书、数的教育培养国之"士";古希腊的教育家在教育中开设"七艺",以培养有健康体魄、有道德、有美感的人等等。在教育史上,关于教育理论的论述林林总总,但文艺复兴后,人的全面发展几乎为近代西方每一个进步思想家所推崇,成为贯穿在近代历史文明发展中的崇高理想。

(一)马克思主义的"人的全面发展"理论

人的全面发展,最根本的是指人的劳动能力的全面发展,即人的智力和体力的充分、统一的发展,同时包括人的才能、志趣和道德品质的多方面发展。人的发展始终是思想先驱们所思考的问题,普罗泰戈拉、圣西门、傅立叶等人均对人的发展进行过探讨。但直到19世纪中叶,马克思与恩格斯在吸收前人理论的基础上才提出了人的全面发展理论,标志着人的发展理论的正式确立。

马克思在青少年时期就开始思考有关人的发展问题,他在《青年在选择职业时的考虑》中指出,职业选择的主要指针是人类的幸福和自身的完善,这是马克思关于人的发展的最早的描述。而在《关于费尔巴哈的提纲》中,马克思指出实践对全面发展的重要意义,他指出,个人的全面发展,只有到了外部世界对个人才能的实际发展所起的推动作用为个人本身所驾驭的时候,才不再是理想、职责等,这也正是共产主义者所向往的。这一系列理论初步形成了马克思关于人的全面发展思想。其后,马克思和恩格斯在《哲学的贫困》《共产主义原理》《共产主义信条草案》《共产党宣言》中进一步论述和发展了这一思想,最终形成了完整的关于人的全面发展的理论。

马克思主义关于"人的全面发展"理论,概括起来主要包括以下几个方面的内容:

1. 人的需要的全面发展

马克思认为,需要是人的本性,需要是人类一切活动的源泉和动力,没有需要,就没有生产。人正是为了满足自己的生存、享受和发展需要,才进行物质生产和社会活动。人的需要的不断丰富,标志着人本质力量新的呈现和人存在的事实。满足正当需要是人不可剥夺的权利,一切压抑人的正当需要都是违背人性的,都从根本上否认了人本身。所谓人的需求的全面发展,就是除物质需求以外,社会关系方面的各种需求和精神生活中的各种需求,以及自我实现和发展、自由的需求等。

2. 人的主体性的全面发展

人的主体性是指凭借自己的综合素质与实践活动而处于支配地位，成为主人的人所具有的特殊属性。马克思认为，人是社会历史的主体，人的主体性是人在创造自己历史的活动中所表现出来的能动性、创造性、自主性。

3. 人的能力或才能的全面发展

马克思把人的能力的全面发展看作人的全面发展的核心。人的能力的发展是人的全面发展的重要内容，发展人必须发展人的各种才能。人的能力是多方面的，包括人的自然能力和社会能力、潜力和现实能力、体力和智力等。只有人的这些能力或才能都得到充分发展，才是真正的全面发展。

4. 人的个性的自由发展

人的自由个性是人的本质力量发展的集中体现，是个人的生理素质、心理素质和社会素质在不同社会领域的集中表现，是人的自主性、能动性、独特性、创造性的充分展示。马克思指出个性的自由发展就是"一切天赋得到充分发展"。

5. 人的社会关系的全面发展

人的社会关系是指人与自然、社会以及他人的关系。社会关系是人的现实本质，或是人的本质的现实性表现。马克思认为："人的本质并不是单个人所固有的抽象物，在其现实性上，它是一切社会关系的总和。"① 所以，在其本质意义上，人的全面发展实际上就是人的一切社会关系的全面发展，因为社会关系实际上决定着一个人能够发展到什么程度，一个人的发展取决于与他直接或间接进行交往的其他一切人的发展。因此，人必须积极参与社会生活多个领域的交往，在交往中形成丰富而全面的社会关系。可见，人的全面发展的核心内容就是人的本质的全面发展。人的本质的全面发展，也就是人的社会属性即人的社会关系的全面发展。人的本质的丰富性、全面性取决于社会关系的丰富性、全面性。

没有个人与社会之间的普遍联系，个人的才能就不能得到发展，人的社会性质也不能得以充分体现。只有人的社会关系得到高度的丰富和发展，人的全面发展才有可能。

---

① 马克思，恩格斯. 马克思恩格斯选集 [M]. 北京：人民出版社，1995.

（二）人的全面发展是现代教育的共同追求

古希腊哲学家亚里士多德主张"和谐教育"。夸美纽斯在其名著《大教学论》中，提出了泛智教育的理想，希望所有的人都受到完善的教育，都得到多方面的发展，成为和谐发展的人。法国启蒙思想家卢梭是自然主义教育思想的代表，他认为教育的目的和本质，就是促进人的自然天性，即自由、理性和善良的全面发展。瑞士教育家裴斯泰洛齐倡导教育应以善良意志、理性、自由及人的一切潜在能力的和谐发展为宗旨。

（三）人的全面发展是 21 世纪社会发展的要求

21 世纪，全球正在全方位迈向知识经济时代，这是一个不可抗拒的历史性转变。知识经济本质上是人才经济、头脑经济、智慧经济。

在知识经济中，以知识、信息为基础的产业将占越来越大的比重，"生产"过程日益"非物质化""智力化"，人与物质和技术的关系将降至次要地位。这要求人才从掌握某种职业的实用技能，转向具有适应劳动世界变化的综合能力（包括劳动技能以外的合作精神、创新精神、奉献精神、交流精神等）；要求人才不仅具备智力技能，还需要具备社会技能，包括人际关系处理技能等。随着科学技术的发展进步，原有的职业会被淘汰，新的职业将陆续产生，一个人多次变动工作或劳动场所将是常事。追求人的全面发展，重在培养素质能力，才能适应 21 世纪社会发展的要求。

二、建构主义学习理论

（一）建构主义学习理论的基本内容

1. 皮亚杰的认知发展理论

建构主义的最早提出者是瑞士认知心理学家皮亚杰（Jean Piaget），他的建构主义理论基于他有关个体的认知发展的观点，发展了发生认识论。从个体认知发展理论和个体发展阶段理论出发，皮亚杰认为个体所获得的成功主要不是由教师传授，而是出自个体本身，是个体主动发现、自发学习的结果。个体在与周围环境相互作用的过程中，逐步建构关于外部世界的知识，从而使自身认知结构（图式）得到发展。他指出："认识既不能看作是在主体内部结构中预先决定了的，它们起因于有效的和不断的建构；也不能看作是在客体的预先存在着的特性中预先决定了的，因为客体只是通过这些内部结构的中介作用才被认识的。"[①] 知识既不是客观的东西，也不是主观的东西，而是个体在与环境交互作用的过程中逐渐建构的结果。

个体认知结构的发展涉及三个基本过程：同化、顺应和平衡。

（1）同化

同化是指把外部环境中的有关信息吸收进来并结合到个体已有的认知结构中，即个体把外界刺激整合到自己的认知结构内的过程。随着个体认知的发展，同化依次经历了三种形式：再现性同化、再认性同化和概括性同化。再现性同化是个体对出现的某一刺激做出相同的重复反应；再认性同化是个体辨别物体之间差异借以做出不同反应的能力；概括性同化是个体知觉物体之间的相似性并把它们归于不同类别的能力。

（2）顺应

顺应是指外部环境发生变化而已有的认知结构无法同化新信息时所引起的个体认知结构发生改变的过程，即个体的认知结构因外部刺激的影响而发生改变的过程。顺应与同化是相伴而行的，没有纯粹的同化，也没有单纯的顺应。同化是认知结构数量的扩充（图式扩充），而顺应则是认知结构性质的变化（图式改变）。因此，认知个体的发展是同化与顺应对立统一过程的产物。

（3）平衡

平衡是指个体通过自我调节机制使认知发展从一个平衡状态向另一个较高平衡状态过渡的过程。认知个体就是通过同化与顺应这两种形式达到与周围环境的平衡：当个体能用现有图式同化新刺激时，他便处于一种平衡的认知状态；当现有图式不能同化新刺激时，平衡即被破坏，而修改或创造新图式（顺应）的过程就是寻找新的平衡的过程。个体的认知结构就是通过同化与顺应过程逐步建构起来，并在"平衡——不平衡——新的平衡"的无限循环中得到不断的丰富、提高和发展。

---

① 皮亚杰.发生认识论原理[M].北京：商务印书馆，1981.

2.建构主义学习理论的基本观点

建构主义学习理论是认知主义学习理论的进一步发展,该理论发展了早期认知学习论中已有的关于"建构心理结构"的思想,强调学生在学习过程中主动建构知识的意义,并力图在更接近、更符合实际情况的情境性学习活动中,以个人原有的经验、心理结构和信念为基础建构和理解新知识。近年来,建构主义流派增多,呈现出百家争鸣的昌盛局面。各种建构主义尽管在观点的立足点上存在分歧,但它们在对学习的认识上具有以下几点共识:

(1)学习是学生主动建构内部心理表征的过程

建构主义认为,根本不存在一成不变的"客观"事实。学习不是由教师向学生传递知识,而是学生根据外在信息,通过自己的背景知识和经验,自我建构知识的过程。在这个过程中,学生不是被动的信息吸收者和刺激接受者,他既要对外部信息进行选择和加工,又要根据新知识与自己原有经验背景知识的关联,主动地建构信息的意义。

(2)学习过程是一个双向建构的过程

建构主义认为,建构一方面是对新信息的意义建构,运用原有的经验超越所提供的信息,另一方面又包含对原有经验的改造和重组。在学习过程中,每个学生都在以自己原有的经验系统为基础对新的信息进行编码,建构自己的理解,而且原有知识又因为新经验的进入而发生调整和改变,所以学习并不单单是信息量的积累,它同时包含由于新旧经验的冲突而引发的观念转变和结构重组,学习过程也不单单是信息的输入、存储和提取,而是新旧经验之间双向的相互作用过程。

(3)学习具有社会性

建构主义认为知识或意义是以学生原有的经验背景知识为基础建构起来的,由于每个人所处的社群、积累的经验和具有的文化背景不同,因此每个人对事物的理解也存在个体差异。知识或意义不仅是个人主动建构的结果,而且需要依靠意义的社会共享和协商进行深层的建构。人的自然属性和社会属性决定了人们不可能孤立地在社会实际生活中完成学习,彼此之间必须进行交流和协作。通过对话、协商、沟通,学习者能看到那些与自己观点不同的观点,在多种不同观点的"碰撞"和"融合"中,不断自我反思完善对知识的意义建构。

（4）学习具有情境性

建构主义认为学习发生于真实的学习任务中。真实的学习任务不仅有利于激发学生的学习主动性，还是个体建构知识的源泉，这一方面表现在学习者理解、建构知识受到特定学习情境的影响，个人的认知结构是在与社会交互作用以及与其自身经验背景的相互作用的过程中，逐步形成与完善起来的；另一方面表现在知识在各种情况下的应用不是简单套用，而是需要针对具体情境的特殊性对知识进行再创造。

3. 构建主义学习理论的学习观

由于学习是在一定的情境即社会文化背景下，借助其他人的帮助即通过人际的协作活动而实现的意义建构过程，因此有人认为"情境""协作""会话""意义建构"是学习环境中的四大要素或四大属性：

第一，情境：学习环境中的情境必须有利于学生对所学内容的意义建构。

第二，协作：协作发生在学习过程的始终，对学习资料的搜集与分析、假设的提出与验证、学习成果的评价乃至意义的最终建构均有重要作用。

第三，会话：会话是协作过程中不可缺少的环节。学习小组成员之间必须通过会话商讨如何完成规定的学习任务。此外，协作学习过程也是会话过程，在此过程中，每个学生的思维成果（智慧）为整个学习群体所共享，因此会话是达到意义建构的重要手段之一。

第四，意义建构：这是整个学习过程的最终目标。所要建构的意义包括事物的性质、规律以及事物之间的内在联系。在学习的过程中帮助学生意义建构就是要帮助学生对当前学习内容所反映的事物的性质、规律以及该事物与其他事物之间的内在联系达到较深刻的理解。

4. 建构主义学习理论的知识观

知识不是对现实的纯粹客观的反映，任何一种传载知识的符号系统也不是绝对真实的表征，它只不过是人们对客观世界的一种解释、假设或假说，并不是问题的最终答案，但它必将随着人们认识程度的深入而不断被变革、升华和改写，促进新的解释和假设出现。

知识并不能绝对准确无误地概括世界的法则，提供对任何活动或问题解决都适用的方法。在解决具体的问题中，知识是不可能一用就准、一用就灵的，而是需要针对具体问题的情境对原有知识进行再加工和再创造。

知识不可能以实体的形式存在于个体之外，尽管通过语言赋予了知识一定的外在形式，并且获得了较为普遍的认同，但这并不意味着学生对这种知识有同样的理解。真正的理解只能由学生基于自己的经验背景建构，而这取决于特定情况下的学习活动过程。否则，就不能叫作理解，而应叫作死记硬背或囫囵吞枣，是被动的复制式的学习。

5. 建构主义学习理论的学生观

建构主义强调，学生并不是空着脑袋进入学习情景中的。在日常生活和以往各种形式的学习中，学生已经形成了有关的知识经验，他们对任何事情都有自己的看法。即使有些问题他们从来没有接触过，没有现成的经验可以借鉴，但是当问题呈现在面前时，他们还是会基于以往的经验，依靠他们的认知能力，形成对问题的理解，提出他们的假设。

教学不能无视学生的已有知识经验，简单地从外部对学生实施知识灌输，而应把学生原有的知识经验作为新知识的生长点，引导学生从原有的知识经验中生长新的知识经验。教学不是知识的传递，而是知识的处理和转换。除了呈现知识，教师更应重视学生自己对各种现象的理解，倾听他们时下的看法，思考他们这些想法的由来，并以此为据，引导学生丰富或调整自己的解释。

教师与学生、学生与学生之间需要共同针对某些问题进行探索，并在探索的过程中相互交流，了解彼此的想法。由于经验背景不可避免的差异性，学生对问题的看法和理解经常是千差万别的。其实，在学生共同体中这些差异本身就是一种宝贵的现象和资源。建构主义虽然非常重视个体的自我发展，但是也不否认外部引导，即教师的影响作用。

（二）建构主义学习理论对信息化教学模式的指导意义

建构主义学习理论认为，学习是学生通过一定的情境（社会文化背景），借助其他人（教师或学习伙伴）的帮助，利用必要的学习资源，通过协作会话的方式，主动建构知识意义的过程。在这个过程中，学生是学习活动的主体，教师是学习者学习的帮助者、促进者和引导者。在教学设计中，建构主义学习理论的指导作用主要体现在以下三个方面：

1. 情境创设

建构主义学习理论强调为学生的学习提供真实的情境，一方面能激发学习者的学习动机，使学习者产生学习需求，驱动学生主动学习、积极探究，另一方面能增强知识运用的情境性，有助于学生完成知识的意义建构，实现知识的有效迁移。在教学设计程序的开发中，利用多媒体图、文、声、像并茂的优势，根据学习内容，将各种媒体资源有机整合，创设多媒体的直观情境，激发学生的学习兴趣。我们可以利用学生的好奇心和问题的导向功能，巧妙地设置引人注意和启发思考的问题，调动学生探究发现的积极性，引导他们主动寻求解决问题的方法。同时还可以利用虚拟现实仿真技术，创设接近真实的在线实验情境，让学生在虚拟的实验情境中，完成实验操作和数据分析，培养学生科学研究的态度和能力。

2. 学生作为认知主体的体现

建构主义学习理论认为学生不是知识的被动接受者，不是被灌输的对象，而是信息加工的主体，在学习过程中发挥着认知主体的作用。在教学设计程序的开发中，不能仅仅注重知识内容的呈现，更应强调学生在学习过程中认知主体的体现。教学程序既要为学生开辟自主学习的空间，又要为学生之间的协作交流创造条件。

（1）自主学习的设计

在教学程序中，根据学习内容的特点，设计多种自主学习策略，提供各种符合学科特点的认知工具，引导学生自主完成知识的意义建构；设计层次分明、难度适宜的测试题，供学生在学习的过程中进行自我评价，并根据学生的作答情况及时给出适宜的反馈和建议。

（2）在线协作学习的设计

在线协作学习不仅能提高学生创新思维和发散思维能力，而且有利于培养学生人际交往的能力和团队精神。适当地协调学习任务（问题）和便利的通信工具是实现在线协作学习的前提。在教学程序的开发中，根据学习内容，设置学生感兴趣的问题，激发学生的协作动机，促使学生积极参与讨论；提供各种协作工具

（电子公告板、聊天室、电子邮件和协作学习平台等），便于学生以讨论问题的形式进行在线交流和协商。

3. 教师作为主导作用的体现

建构主义学习理论强调在教学过程中教师主导作用的发挥，教师不再是知识的传授者和灌输者，而是学生进行意义建构的帮助者和促进者。在教学程序的开发中，我们可以通过以下三种途径实现教师的主导作用：

（1）设计教学策略帮助学生实现知识的意义建构

一门课程要引起学生的兴趣，促使学生积极投入，除了课程内容本身丰富精彩，更重要的是教师要灵活而巧妙地设置各种不同的激励策略和教学策略，从多种角度激发学生的学习动机，为学生提供个性化的学习指导，从而更好地发挥学生的主人翁精神，自主完成知识的意义建构。在教学程序中，教师可以在每个章节内容的学习前，针对本章节的具体学习内容，设计情感激励、问题诱导、任务驱动等动机激发策略，提供可行的学习建议和指导，帮助学生进行学习导读；教师还可以针对每个章节内容的重难点，设计"支架式策略""抛式策略""随机进入式策略"等自主学习策略，提供大量多媒体资源和其他网络资源，引导学生更好地理解掌握学习内容。

（2）引导和监控学习过程

为了保证学习顺利进行，教师的适时引导是必不可少的。在教学中，学生的自主学习和协作学习都离不开教师的引导。教师可以借助人工智能技术、设计专家系统或者伙伴助手，对学生实现在线的个性化学习指导，还可以开辟教师的答疑空间。学生在完成单元内容或课程内容的学习后，如果有困惑，或者有难以解决的问题，可以通过电子邮件的形式发送请求，实现异地交流，还可以通过论坛的形式在线咨询，实现同步交互。

（3）设计学习评价

在教学中，教师根据课程教学目标的要求，设计大量不同类型和层次的测试题，学生可以在线进行自我测试，并依据反馈信息检验自己的学习是否达到学习目标的要求；教师还可以设置综合性强，且与课程内容相关的实际问题或任务，让学生通过设计问题解决方案、创作作品、设计实验操作等实践活动检验自己综合运用知识的能力。

三、多元智能理论

(一) 多元智能理论的产生

20世纪初,法国心理学家比奈创造了智力测验,用来测量人的智力的高低。1916年,德国心理学家施太伦提出了"智商"这个概念,智商即智力商数,它是用数值表示智力水平的重要概念。1935年,亚历山大第一次提出"非智力因素"这个概念。非智力因素是指记忆力、注意力、观察力、想象力、思维力等智力因素之外的一切心理因素,主要包括动机、兴趣、情感、意志、性格等,这些非智力因素都是直接影响和制约智力因素发展的意向性因素,但是这一理论提出后,并未受到人们的关注。

1967年,美国在哈佛大学教育研究生院创立"零点项目",由美国著名哲学家戈尔曼主持。"零点项目"的主要任务是研究在学校中加强艺术教育,开发人脑的形象思维问题。从这之后的20年间,美国对该项目的投入达上亿美元,参与研究的科学家、教育家超过百人,他们先后在100多所学校做实验。有的人从幼儿园开始连续进行20多年的跟踪对比研究,出版了几十本专著,发表了上千篇论文。多元智能理论就是这个项目在20世纪80年代取得的一个重要成果。

哈佛大学霍华德·加德纳教授在参与此项研究的过程中考察了大量迄今没有相对联系的资料,即关于神童的研究、关于脑损伤病人的研究、关于有特殊技能而心智不全者的研究、关于正常儿童的研究、关于正常成人的研究、关于不同领域的专家以及各种不同文化中个体的研究。通过对这些研究的分析整理,他提出了自己对智力的独特理论观点。基于多年来对人类潜能的大量实验研究,加德纳在1983年出版的《智力的结构》一书中,首次提出并着重论述了他的多元智能理论的基本结构,并认为支撑多元智能理论的是个体身上相对独立存在着的、与特定的认知领域或知识范畴相联系的八种智力,这些为多元智能理论奠定了理论基础。

(二) 多元智能理论对教育改革的意义

1. 多元智能理论有助于形成正确的智力观

真正有效的教育必须认识到智力的广泛性和多样性,并使培养和发展学生各方面的能力占有同等重要的地位。

2. 多元智能理论有助于转变教学观

多元智能理论认为，每个人都不同程度地拥有相对独立的八种智力，而且每种智力有其独特的认知发展过程和符号系统。因此，教学方法和手段就应该根据教学对象和教学内容而灵活多样，因材施教。

3. 多元智能理论有助于形成正确的评价观

多元智能理论认为，人的智力不是单一的能力，而是由多种能力构成。因此，学校的评价指标、评价方式也应多元化，学校教育应从纸笔测试中解放出来，注重对不同人的不同智能的培养。

4. 多元智能理论有助于转变学生观

根据多元智能理论，每个人都有其独特的智力结构和学习方法，所以，对每个学生都采取同样的教材和教法也是不合适的。多元智能理论为教师提供了一个积极乐观的学生观，即每个学生都有闪光点和可取之处，教师应从多方面了解学生的特长，并采取适合其特点的有效方法，使其特长得到充分的发挥。

5. 多元智能理论有助于形成正确的发展观

按照加德纳的观点，学校教育的宗旨应该是开发多种智能并帮助学生发现适合其智能特点的职业和业余爱好。多元智能理论认为，应该让学生在接受学校教育的同时，发现自己至少一个方面的长处，从而热切地追求自身内在的兴趣。

四、素质教育理论

素质教育是指一种以提高受教育者诸方面素质为目标的教育理念，相对于应试教育，它更突出人的思想道德素质、能力培养、个性发展、身体健康和心理健康教育。

（一）素质教育

1. 素质教育的定义

目前，由于对素质教育内涵的研究角度不同，因此，教育界给"素质教育"下的定义也不尽相同。有人依据"强调点"归纳"素质教育"，有人强调以人的发展为出发点，有人同时强调人的发展和社会发展，有人强调公民素质，有人强调先天与后天相结合，有人把各种素质平列，有人试图划分素质层次，还有人强调通过科学途径充分发挥天赋。纵观这些定义，虽然表述不一，但有着共同特点。

第一，素质教育是以全面提高全体学生的基本素质为根本目的的教育。

第二，素质教育要依据社会发展和人的发展的实际需要。

第三，在某种意义上，素质使人联想到潜能。

这些定义不仅都主张充分开发智慧潜能，而且主张个性的全面发展，重视心理素质的培养。依据以上分析，作者认为可以将素质教育定义为：素质教育是依据人的发展和社会发展的实际需要，以全面提高全体学生的基本素质为根本目的，以尊重学生个性，注重开发人的身心潜能，注重形成人的健全个性为根本特征的教育。

2. 素质教育的本质

素质教育从本质来说，就是以提高国民素质为目标的教育。这是从教育哲学的角度在教育目的层次上对素质教育概念的一种规定，这一规定把素质教育与其他种种不是以提高国民素质为目标的教育区分开来。例如，它明确地区分了素质教育与应试教育。

第一，素质教育的目标是提高国民素质；应试教育的目标是"为应试而教，为应试而学"，在此目标导向下，即使客观上能使部分学生的某些素质获得浅层次的发展，也可能影响其他方面的发展。

第二，素质教育以提高国民素质为目标，必然要面向全体学生，面向每一位未来的国民；而应试教育则更多关注学生的应试能力。

第三，素质教育为了提高国民素质，强调教育者应发挥创造精神，从学校实际出发设计并组织科学的教育教学活动，促进受教育者在自主活动中将外部教育影响主动内化为自己稳定的身心素质；应试教育则是教育者跟着考试指挥棒亦步亦趋，教学方法上以灌输、被动接受为基本特征的一种方式。

（二）实施素质教育的意义

1. 社会主义现代化建设和迎接国际竞争的迫切需要

进入 21 世纪以来，我国的经济体制从计划经济体制转变为社会主义市场经济体制，经济增长方式从粗放型转变为集约型。我们正在实施科教兴国战略和可持续发展战略，目的是在 21 世纪激烈的国际竞争中处于战略主动地位。在我国这样一个人口众多的发展中国家，大力加强人力资源能力建设是实施人才强国战略的关键。

2. 迎接 21 世纪科技挑战的需要

当代科学技术发展的特点是发展速度加快，新领域突破增多；学科既高度分化又高度综合；科学技术转化为生产力的周期大大缩短；知识信息传播超越时空；带来了产业结构的不断调整。所有这些都对未来人的素质的培养和教育提出了新要求。为了更好地迎接 21 世纪科学技术和知识经济的挑战，每一个人都必须终身学习，不断调整提高、发展自己。在终身教育观的指导下，基础教育阶段具有特殊的意义，每一个人在基础教育阶段都要打好基础，养成基本素质，学会学习，学会自主地发展自己。

3. 既是社会的要求，又是教育领域自身的要求

我国正在实施九年制义务教育。所谓义务教育，指的是依据法律，国家、社会、家庭必须予以保证的国民教育，我国的适龄儿童青少年必须接受一定年限的教育。义务教育的本质要求是使每一个人都得到应有的发展。而素质教育面向全体反映了义务教育的这一本质要求。

终身教育是我们打开 21 世纪大门的一把钥匙。终身教育的概念起初被应用于成人教育，后来逐步被应用于职业教育，现在则包括整个教育过程和个性发展的各个方面。应试教育的倾向不能适应时代的需要，实施素质教育也正是在克服应试教育倾向过程中逐步明确、逐步提出的基础教育改革课题。素质教育是我们时代和社会的需要，是我们基础教育改革的时代主题，也是我们克服应试教育影响的总对策。

第三节　信息技术在教育学中的应用

一、信息技术在大学英语教学中的应用领域

（一）课程设置

依据教育部门相关文件要求，各高校应该根据自己的办学特点、学科优势、师资力量以及软硬件配套现状设计具有鲜明特色的大学英语课程体系。无论是综合英语类、语言技能类、语言文化类，还是专业英语类的必修及选修课程，都需要充分考虑对学生听说能力的培养。听说是构成语言能力的技能部分，是完全内化后语言技能的显性体现。学生和教师的英语交流以及学生之间的英语交流会受到范例不足的影响导致语音不标准或者语用不得体的现象发生。因此，为了提高学生的听说技能，各高校在课程设置上应相对弱化教师讲授所占比重，大量使用先进的信息技术，尽可能地营造真实的听说环境。

（二）教学模式

现阶段高等教育大力倡导以现代信息技术和网络技术为支撑，采用基于计算机和课堂的两种教学模式。基于课堂的教学模式最突出的特点是比较适合读、写、译三种技能的培养和提高。基于计算机的教学模式可在学生自学并有教师辅导的教学环境下，逐步培养学生的听、说、读、写、译五项技能；该模式的优点是可以直接作用于听、说两种技能，并为其余三种技能创造信息化环境，例如，无纸化阅读和电子输入，不仅提高了广大学生的语言文化知识技能，而且全方位培养了学生适应信息时代全新的学习和工作的能力。也有学者提出过计算机和课堂相混合的教学模式。该模式是硬件教育资源充分配置下基于计算机和课堂两种模式的多元融合，可以确保在不受时间和空间限制的前提下，对英语五项技能进行立体化教学。

（三）教学评估

教学评估是检验教学质量、获取反馈信息的重要依据，也是改善教学方法、调整教学策略、提高教学水平的有效手段，它既对学生的学习进行评估，又对教

师的教学进行评估。信息技术在教学评估中比较适用于对学生学习进行形成性评估。在学生的自主学习阶段，实施计算机和课堂的教学模式，综合完善的教学管理软件和流畅开放的计算机网络，有助于实时形成大学生自主学习记录，及时建立学习档案，并且为教师提供动态客观的第三方监控，最终形成评估结论。在对学生的总结性评估以及对教师的评估中，信息技术有助于教学实施者建立完备的评估结论档案体系，在技术上为语言教育研究者和教育行政管理者提供统计方面的便利，有利于更深层次地发掘评估结论和教学过程的内在关联，促进行政管理和教学实践的互补协调。

（四）教学管理

教学管理贯穿于大学英语教学全过程。基于计算机和网络的大学英语教学及管理软件将一切在教学和管理中形成的文件以电子文档的形式自动建档并归类，使相关责任主体和学习主体能不受时空限制随时查阅。在基于计算机和局域网的教师讲授和学生自主学习中，教师不必走到学生中间去观察或管理，既降低了教师作为观察者对学生心理状态的干扰，又减轻了教师的后台管理工作。在基于互联网的远程学习和第二课堂中，信息技术更能发挥其良好的管理功能，在线互动、收发作业、知识信息的电子传输、学习效果反馈等均可以通过网络课程软件得以实现。以信息技术为利器，教学管理者可以利用在线培训等方式不断强化对教师的培训，进而提高教学团队的整体水平。

二、信息技术在大学英语教学中的应用过程

（一）转变教学观念，改进教学方法，开展信息化教学

大学英语教师必须转变教学观念，接受新事物、新技术，积极学习网络多媒体技术，深刻了解网络多媒体技术应用于大学英语课堂为英语教学带来的变革性影响，积极利用网络多媒体技术进行课堂教学，改进教学方法，积极探索新的教学模式，力求使多媒体信息技术更好地为英语教学服务。

在大学英语教学中应用信息技术，不仅要转变教学方法和教学手段，而且要转变教学理念。教师是知识的讲授者和传播者，教学的目的是培养学生，使其掌握新知识、新技能。学生是大学英语教学中的对象和主体，因而大学英语教学效

果应以学生的学习效果为依据,而学习效果在很大程度上取决于学生主体性的发挥程度。学生的主体性要求教师把学习的主动权交给学生,给予他们自主学习的时间与空间。所以,教师应当摒弃以教师为中心,单纯传授语言知识和技能的教学思想和实践,而转向以学生为中心,既传授语言知识与技能,又注重培养学生语言实际应用能力和自主学习能力的教学思想和实践,使教学以培养学生终身学习能力为导向,逐步实现终身教育。信息技术需要最终应用于教学实践中,只有这样,才能发挥其服务于大学英语教学、改变教学模式、培养学生自主学习能力、提高学生综合文化素养的作用。首先,可以在课程设置时充分考虑高校现有的信息化软硬件环境,设计出符合自己办学特点的大学英语课程体系。其次,在教学模式上应充分利用现代信息技术,采用基于计算机和课堂的英语教学模式,改进以教师讲授为主的单一教学模式,体现大学英语教学实用性、知识性和趣味性相结合的原则,从而调动教师和学生两方面的积极性,尤其要体现学生在教学过程中的主体地位和教师在教学过程中的主导作用。再次,在教学评估中应加大对现代信息技术的利用,以及以此为依托的评估结果所占的比重。最后,在教学管理工作中,可以开发综合性的教学管理软件,以便各类教管文件的存档管理、教学活动的动态监控、教师的在线培训等相关活动的开展。

(二)改革评价方式,关注学习过程

评价方式是教学中的重要环节。大学英语教学要求我们改革评价方式,关注学生学习过程中的情感态度、学习方法、实践能力等综合因素,对学生实现全面、客观、科学的评价。信息技术在大学英语教学中的应用,能赋予教学评价更多的指导作用和教育意义,实现以评促学。例如,教师可以利用网络教学平台的存储功能,为每个学生建立"个人作品集",将学生的课堂表现和课后作业以音频、视频或图片的形式存储起来,使学生发现自己在英语学习中的长处与不足,看到自己的成长与进步,再对学生进行过程性评价和激励性评价,使学生通过评价,体会到学习英语的乐趣,提高英语教学的效率。

(三)架构信息化教学环境,加强网络资源库建设

一方面,配备计算机,建设计算机辅助教学语言实验室,架设局域网络,开放与网络连接的端口是信息技术应用于大学英语教学的物质基础,也称作硬环境

建设。一般来讲，高校在架构设备设施时，应处理好以下三方面的关系：办学特点、投资成本、利用效率。在投入之初，应当积极开展专家论证、教师调研、实践考察等多种活动，以设计出符合本校办学特点、节约资金且又能发掘其最大功效的硬件体系。另一方面，开发和建设各种基于计算机和网络的教学软件以及网络课程是信息技术应用于大学英语教学的技术保障，也称作软环境建设。软环境建设也需要考虑以上多个方面的因素，通常可以采用独立软件开发和开放式软件采购的方式。独立软件开发适用于统筹有自己办学特色的各种硬件设备，使之能高效协同运作，这一类软件的开发不会耗费大量的资金也能充分考虑到各高校的硬件现状以及教师的使用习惯，极具个性化特征。开放式软件采购主要指与教材相匹配的各种教学软件、网络课程以及与之相适应的评估和管理软件。由于这类软件多基于教材，具有很强的专业性，依靠某个高校内的成员是很难完成的，因此这类软件多由国家教育经费支持，综合全国专家和技术人员共同设计配套开发，各高校只需直接购买即可。完善的网络多媒体信息设备是信息技术辅助大学英语教学的先决条件，学校有关部门应该积极筹集资金建立多媒体教室、语音室，搭建稳定的校园网络平台，以保证英语教学的顺利进行。此外，学校还要配备相关的技术人员，负责校园网络的维护和多媒体使用的指导工作。

网络资源库是用信息技术辅助大学英语教学的必要条件之一，只有丰富的、多样化的网络多媒体资源才能满足教师教学的需要。因此，学校应该组织有关人员讨论研究，深入到学生中，积极制作多样化的多媒体课件。课件制作应该以学生为导向，符合学生认知规律，同时能充分调动学生学习的积极性和主动性，使学生在轻松愉快的课堂氛围中学习英语，有效地掌握英语基本知识和基本技能。

（四）组建信息化教学管理团队

组建团队是信息技术得以在大学英语教学中高效应用的重要环节，一般包括以下三个方面的工作：一是选择成员。在教师团队里，要兼顾年龄分布、职称结构、操作技能这三方面的因素。管理团队的组建需要将行政管理人员和工程技术人员纳入进来，并且要充分考虑学生人数和教师教辅人数的比例。二是明确职能分工。这主要针对教师、教辅及管理人员而言的，其职能分工应与教学目标相匹配。三是建立团队运行管理机制。包括日常沟通机制、应急处理机制、奖惩机制、准入和准出机制等。

英语教师是网络多媒体教学顺利进行的关键所在，英语教师只有熟练掌握多媒体技术，才能在实际教学中运用自如，才能使网络多媒体技术有效地辅助英语教学。因此，学校必须加强对英语教师的信息技术培训工作。首先，学校可以聘请信息技术人员来校举办讲座，或者利用寒暑假开办培训班，教授英语教师基本的网络多媒体理论和技能。其次，学校还可以定期派英语教师去其他学校交流学习，学习如何利用网络多媒体技术进行英语教学，如何在保证教学质量的同时，增强教学过程的多样性和趣味性。

第三章　信息化技术与大学英语教学课程的整合

本章主要介绍了信息化技术与大学英语教学课程的整合,主要从三个方面进行阐述,分别是信息技术与英语课程整合的概念、信息化技术与英语课程整合的模式、信息化技术与英语课程整合的意义。

第一节　信息技术与英语课程整合的概念

由于信息技术的飞速发展，全国各高校均在深化教育改革，不断提高信息技术教育水平，不断完善信息教育环境，全面推进素质教育。高校教育信息化得到了社会和家庭教育的重视，高校要培养具有创新精神和实践能力的高素质大学生人才，这使我国的信息技术教育进入了快速发展时期。

信息技术应用到高校的教育教学中，树立了先进的以学生为中心的教学理念，提倡信息化的教学方法和教学手段，信息技术教育的发展应用到高校的课程改革创新中，就使得信息技术融入大学生的课程教学中。对于信息技术应用到高校教育的课程整合中，不同的人有不同的认识，总结一下，有以下几个观点：

第一，是现代化教学的一种工具、手段。

第二，是有效地学习信息技术的一种方式。

第三，在课堂上运用多媒体课件。

第四，何克抗教授指出，要从信息技术与课程整合的目标、内涵、途径与方法来认识，并且通过教学实践的检验。

信息技术与课程整合，是以信息技术高速发展为前提的，信息技术的发展为教育教学提供了多元的教学环境，改变了传统教学的时空限制，给教学过程提供了更加丰富的资源和平台，更好地满足了教师的教学需求，也满足了大学生的个性化需求。在这种信息化建设的教育教学改革中，信息技术与课程整合是在"自主、探究、合作"的教学模式下进行的，要充分发挥教师在教学中的主导作用，还要充分体现出大学生自主学习的主体地位，调动了教师和大学生的双向积极性，从根本上改革、创新了传统的以教师为中心的课堂教学。

教育的网络信息化与信息技术在教育应用领域的发展，彻底改变了师生关系，改变了教师和大学生在教学中的地位，这就要求培养大学生的创新精神，提高大学生的实践能力，从而提高大学生的综合素质，这也是信息化时代对现代素质教育的要求。

第二节　信息化技术与英语课程整合的模式

一、多模态交互教学

（一）多模态交互教学的内涵

20世纪90年代，西方学者从语言学习的特点出发，提出了多模态话语理论。这一理论指出，语言属于一种社会符号，音乐、绘画等非语言符号对语言意义的生成起着重要的影响作用。各种语言符号与非语言符号模态之间既是相互独立也是相互影响的关系，共同生成语言意义。根据多模态语言理论，语言的输入输出会受到多种符号模态的影响，因此在英语教学中，可以将多种符号模态融合起来，结合音乐、图像、网络等形式，丰富英语课堂，调动学生学习的积极性与主动性，从而交互式地学习英语语言，达到对英语语言的充分记忆以及恰当应用的目的。

在大数据驱动下，教师采用多模态交互教学，可以充分运用网络多媒体等手段，创设各种语言学习情境，让学生真正体会到语言学习的乐趣，多渠道地激发学生的听觉、视觉等感官，为学生提供全方位浸染式的环境。促进学生不断提升自身的语言技能。多模态交互教学强调采用多种手段，具体来说，就是运用网络多媒体技术，开展角色扮演、图片展示等多种互动方式，调动学生学习的积极性，将听、说、读、写、译各项技能结合起来，激发他们学习的兴趣，对旧知识进行巩固，对新知识进行拓展。

（二）大学英语多模态交互教学的基本原则

1. 客体适配原则

在大学英语教学中，师生分别处于教授与学习的主体地位，对应的客体则是教授与学习中使用到的工具，如多媒体、教材等。所谓的客体适配，即根据多模态交互教学的需要，提前选择能够对教学工作加以支持的材料。例如，在听力课堂上，教师需要提前下载一些听力材料，然后运用多媒体进行播放；在阅读课堂上，教师可以为学生推荐一些阅读性强的著作。

当然，日常的教材讲解，需要教师在备课时制作多模态 PPT，从教材内容出发，将其中涉及的重难点知识，在 PPT 上配合动画图片等加以展示，这能够将教材这一客体的适配性发挥出来，并能够激发学生的学习积极性，提高教师教学的质量和效率。

2. 主体适配原则

如前所述，教师与学生处于教授与学习的主体地位。

就教学层面而言，教师在对多模态符号进行收集与整理的过程中，应该转换自己的身份与角度，尽量从学生的视角出发对多模态符号内容进行选择。例如，所选择的动画、图片等要与当代大学生的认知规律、兴趣爱好等相符合。这样才能使课堂更具有吸引力，进而便于教师展开教学工作。

就学习层面而言，学生需要在接收到 PPT 的模态符号之后将自己的感官调动起来。例如，当教师在 PPT 上播放听力材料时，学生需要将自己的听觉感官调动起来；当教师在 PPT 上展示图片等内容时，学生需要将自己的视觉感官调动起来。

一般情况下，坚持主体适配原则，对于构建多模态的交互教学模式，提升师生之间的默契度非常有益。

3. 阶段适配原则

英语学习本身是一个循序渐进的过程，阶段不同，学生的水平与理解能力必然也不同。为了更好地将多模态交互教学的优势体现出来，教师在运用这一策略时，需要坚持阶段适配原则。

也就是说，教师要从实际出发，对模态组合的形式与教学模式进行不断地调整。例如，听力部分是大学英语四、六级的重要测试内容，也是学生英语核心素养培养的一项重要内容。运用多模态互动教学模式展开听力教学时，第一阶段需要根据班级学生自身的水平，选择恰当的听力材料，不宜过难，也不宜过于简单。同时，教师需要提前检查一遍，尤其检查里面的信息是否全面，语速快慢是否适中，问题的设置是否合理等。第二阶段是在听力时，教师要时刻观察学生的注意力情况，是否出现眉头紧锁等情况，这样有助于教师对难度加以判断。第三阶段是从听力材料出发来讲解。这一教学模式实现了音频模态、口语模态、文字模态的组合。

（三）大学英语多模态交互教学的意义

在大学英语教学中，网络技术与大数据技术的作用日益凸显，可以说这些技术改变了教育的理念与方式。在大数据背景下，大学英语教学应该充分利用网络与多媒体技术，将多种符号模式如图像、语言、网络等融入教学之中，利用多种模态将学生的各种感官激发出来，调动学生的学习积极性。

当前，网络与大数据的出现，在一定程度上突破了教学的界限，教师可以采用音频、视频、微信等资源开展大学英语教学，这为大学英语教学注入了新的活力，也为学生增添了学习的自信心与动力。

在大学英语教学中，对网络资源的合理运用可以刺激各种感官，让学生参与到学习之中，更深层次地理解英语词汇、语法、语言学等知识。学生致力于成为大学英语课堂的主人，主动积极地探索知识，才能学会知识。

在传统的大学英语教学中，教师提供的信息是非常有限的，很难符合学生的个性需要，多模态化网络的融入，可以帮助教师解决这个问题，教师可以利用大数据资源，为学生创设真实的平台，让学生调动多方感官，自主、轻松地提升个人的语言能力。

互联网已成为教师教学的重要工具，充分利用互联网及多模态教学模式势必对大学英语教学产生巨大的影响和极大的推动作用。

（四）大学英语多模态交互教学的构建策略

大数据时代的到来为多模态教学引入大学英语教学提供了基本的条件。无论你身处何方，都可以摆脱时间与空间的限制对网络资源进行合理地利用，还可以从自身的兴趣与爱好出发浏览网页、观看视频等，也可以参与在线讨论，这些都与大学英语多模态交互教学是相辅相成的关系。

大学英语多模态交互教学作为一种新型教学模式，充满着活力，在大数据背景下必将日益完善。下面就来具体分析大学英语多模态交互教学的构建策略：

1.充分利用多媒体资源

多媒体技术被引入大学英语教学中，是大学英语教学的一项重要变革。多模态教学强调将学生的各个感官调动起来，实现英语学习的目标。多媒体课件正是能够将文本、图片、音频、视频等相结合的资源，教师如果制作一个多媒体课件，需要精心准备。从不同的教学内容与任务出发，收集各种资料，进而进行整理与设计，制作出符合学生的、真实的多媒体课件。

学生的阅读对象不仅包含文字与图片，还包含大量的音频、视频、动画等资料。多媒体课件以鲜明的特点、丰富的资源、生动的情境等，将学生的主体性调动起来，让学生在学习中真正成为信息加工的主体。教师在设计教学内容时，可以将电脑、音响等设备利用起来，对学生的多种感官进行刺激，加深他们对知识的理解。

对多媒体课件进行合理地利用，有助于调动学生的多种感官，促进大学英语多模态交互教学的开展，激发学生的学习兴趣与积极性，为他们营造良好的氛围。

2. 建设多模态化英语网络空间

随着网络技术与大数据技术的不断发展，我们的"论坛""校园网"等日益丰富，也逐渐被人们熟知，显然，网络时代与大数据时代已经到来。当前，各高校均已开始对自己的网络空间进行构建。网络空间教学指的就是师生运用网络平台，展开师生交互活动。他们可以在网络平台上创设实名认证的空间页面，师生在空间平台上进行学习和互动交流。2015年，河南牧业经济学院创建了网络教学平台系统，这一系统是在Sakai教学平台的基础上研发的远程教学系统，该系统采用"引领式在线学习"的理念，通过课程空间、课程大纲与资源、论坛等形式，在师生与学习内容之间建构多元化的交互渠道，将学生的多个感官激发出来，为学生创设一个真实的虚拟课堂体验环境，从而有效地实施多模态交互教学。

实施英语网络空间教学之后，师生之间可以摆脱时空的限制与障碍，在即时问答、论坛等多个项目下展开有效的互动，这样不仅加深了教师对学生的了解，还能够使彼此的关系更为融洽。通过网络空间，教师可以批改学生的作业，学生也能够在规定时间内随时将自己的作业提交上去，实现作业的先交先改、及时反馈，这不仅节省了纸张，还为师生提供了一个互动的平台。当然，网络空间平台发挥作用的关键在于学生能够积极参与，学生需要登录到网络空间中完成作业、书写心得，也可以给其他伙伴分享自己的学习音频、视频等资料，这就让学生真正地成为学习的主体。在网络空间平台上，学生将自己的感官调动起来，激发自己学习英语的兴趣，提升自己的学习效果，实现自己的有效学习目的，这也是多模态交互教学有效实施的体现。

此外，网络空间还可以实现资源的共享，最大限度地将英语教育资源呈现出来，实现在线网络授课，所有的教学过程都能在网络空间得以公开，这能够激发教师的创新意识，真正地实现大学英语教学的全方位改革，促进每一位教师努力建设好自己的教学空间，加强教师与教师之间的竞争，实现师生之间、教师与教师之间的互动。在大学英语教学中，应该营造多模态网络空间，将多模态网络空间教学的效果发挥出来，对多模态网络空间教学活动进行优化，遵循其自身的教学特点，顺利实现大数据驱动下大学英语多模态交互教学。

二、慕课与微课教学

（一）慕课教学

1. 慕课教学的内涵

慕课，全称是"大规模在线开放课程（Massive Open Online Courses，简称MOOC）"。慕课教学源于美国，在短短数年间，被全世界广泛运用。慕课这一模式最初是由具有分享与协作精神的个人创立的，他们将优秀课程予以上传，目的是让世界各地的人们可以下载与学习。

从形式上说，慕课教学就是将教学制成数字化的资源，并通过互联网来教与学的一种开放环境。从本质上看，慕课教学是一种与传统课堂相对的课堂形式，因为其基于互联网环境而发送数字化资源，实施的是线上教学。学生完成了网上课程学习之后，通过在线测试，可以获得证书或证明。

一般情况下，慕课教学的要素包含以下四点：一是具有完整的教学视频，并且一般时间设置为6~10分钟；二是具有完善的在线考试体系，往往可以实现过程考核与个性考核；三是具有一定量的开放性话题，可以集中学生的学习兴趣与积极性；四是具有PPT电子参考教材、模拟试题与解析等其他辅助资源。

基于这些要素，慕课教学需要教师与学生之间的互动，如教师对信息的发布、回答学生问题等。慕课教学本身为学生提供了学习的数据，教师和学生都可以通过平台，对学习状态进行分析，从而改善自身的学习情况。

2. 大学英语慕课教学的意义

英语慕课教学在英语教学中的运用必然会导致教学方式与理念的变革。这就是说，慕课教学对当前的英语教学具有重大的作用，具体表现如下：

（1）真正实现了教学针对性

慕课关注学生个人诉求，通过慕课教学，学生可以根据自己的爱好、学习水平等选择适合自己的学习内容，真正实现了教学的针对性。

（2）凸显学生的主体地位

慕课要求学生在上课之前就完成相应的预习，在上课过程中由教师来答疑解惑，在课后要求学生完成相应的巩固练习，无论是课前还是课后的作业都进行量化，计入总分。慕课课中教学模式使教师成为学生学习的引导者和帮助者；学生不再是被动的接受者，而成为教学的主体，在各种作业的推动下，学生积极探索，变为主动的学习者，学习的参与度也显著提高。

（3）学生能够充分利用碎片化时间

慕课教学的视频一般时间不会太长，多在10～15分钟，短时间的学习能够使学生集中注意力、高效率地进行学习。慕课教学模式不存在时空的限制，学生可以自主地安排学习进度，充分利用碎片化时间，对于不理解的知识内容可以反复观看视频学习，最大限度地利用教学视频

（4）为学生营造良好的学习环境

良好的英语学习环境能显著地提升学生的英语学习效率。慕课的应用依赖于互联网技术，具有很强的交互性，在慕课学习中，学生和教师能够随时随地沟通，双方的交流不受时间和空间的限制，而学生与学生之间也可以交流和分享学习经验，进行合作学习。此外，通过慕课学习，学生可以与世界其他任何地方的学生聚集在一起学习英语，相互交流和讨论，不仅能营造良好的英语学习氛围，还能接触地道的英语，提高跨文化交际和综合英语素质。

3.大学英语慕课教学的构建策略

一般来说，在大学英语教学中，慕课教学往往会通过以下几个步骤来展开：

（1）重构课程模式

慕课教学要与传统教学有机结合，采取优势互补的方式重构英语课程教学模式，实现二者的资源整合，提高大学英语教学效果。

两种教学模式有效结合的方式是教师以传统的课堂教学为主、慕课英语教学为辅的形式开展教学，以课本的知识为主要内容，同时辅以慕课教学模式，充分

利用慕课所拥有的海量教学资源进一步丰富教学内容，对课本知识进行延展，使学生根据自身的实际情况进行自主学习，扩展知识面。在教学中，要将学生置于课堂教学的主体位置，进行师生之间的活动，针对学生的具体问题进行解答，帮助学生理解和学习。在课下，教师可以通过慕课平台对学生进行知识的拓展和补充，满足学生不同层次的需求。此外，教师可以通过慕课模式布置课后作业，并通过网络实时监控学生的完成情况。

（2）科学制作教学视频

慕课是通过视频来传达内容的，教学视频是慕课教学的基础与核心，教学视频的质量直接关系着慕课教学的最终效果。为此，教师在运用慕课进行大学英语教学时，应针对学科的特点精心地制作视频，不仅要控制好视频的长度，同时要科学、精致地安排视频内容。视频的长度，通常维持在10分钟左右，视频时间太短将无法充分展现教学内容，视频时间过长则会使学生产生倦怠心理。教学视频贯穿于慕课教学的始终，课前通过慕课视频让学生提出疑问，提高课堂教学的针对性；课中可用慕课视频加强学生的理解和记忆；课后让学生通过慕课视频加以复习和巩固。慕课视频的内容要有针对性，突出教学的重点和难点，使学生能够开展有针对性的学习。

（3）教师积极发挥作用

慕课在大学英语教学中的作用不言而喻，但是慕课教学模式尚有待完善，需要教师参与相关的培训，而且学生水平各有差异需要教师实施有针对性的教学。因此，在慕课教学模式中，教师依然扮演着很重要的角色。首先，教师应该积极探索能够激发学生主动性和积极性的慕课课件。其次，教师需要对学生的基本情况有一个清晰的了解，保证慕课课件能够被大多数学生理解和把握。最后，教师还需要了解不同学生的自主学习能力，锻炼学生的心理素质，使他们尽快适应新兴的教学模式。

（二）微课教学

1. 微课教学的内涵

关于"微课"，目前还未形成一个统一的概念，下面介绍一些有代表性的关于微课的观点：

我国最早提出"微课"这一概念的学者是胡铁生，他借鉴慕课的定义，认为微课即微课程的简称，即以微型视频为载体，针对某一学科的重难点等教学知识点与教学环节来设计一个情境，且支持多种学习方式的网络课程。之后，又对这一观点进行了改进，认为微课是根据新课程标准及课堂教学的实际情况，以教学视频为载体，记录教师在课堂中针对某一知识点或教学环节而开展的精彩教与学活动的全过程。又有学者提出，微课不等同于课堂上的实录，而是从某个重难点出发创作的视频，即微课聚焦了重难点问题，且将那些有干扰的信息排除掉。

上述学者给出的概念是非常具有针对性的，且一定程度上将微课的特征反映出来。作者对于胡铁生的定义更为推崇，作者认为，从本质上说，微课是一种支持教与学的微型课程。

2. 大学英语微课教学的意义

在大学英语教学中运用微课开展教学，可以为学生创造直观而且优良的教学环境，能让学生将全部精力放在英语学习上，对于英语教学而言，意义重大。具体来说，微课在大学英语教学中所发挥的作用体现在以下几个方面：

（1）顺应了时代发展要求

互联网技术的发展，使得人们更加方便地获取和接收信息。随着互联网进入微时代，微视频、微信、微博等逐渐兴起，并成为人们日常生活中的重要部分。在信息化时代，学生更能接受数字信息化的学习模式，偏向于既简单通俗又富有趣味性的知识信息，而微课作为信息技术发展和教学改革的产物，能有效满足学生的这种学习心理，对于激发学生的学习兴趣发挥着重要作用。

（2）满足不同层次的学习需求

教师在使用微课教学时，会将微视频上传到微信或者QQ等平台上供学生分享，此时那些在课堂上没有记笔记或者存在理解障碍的学生可以根据需要反复观看视频内容，温习所学内容，进而加深理解和巩固所学内容。

（3）推动了教学模式改革

教育改革的推进深受新型教育模式的影响，大学英语教学改革也在这种模式的推动下不断深化。通常是一节课中教师的讲授量太大，往往会超出学生的接受限度，学生多感觉课堂教学无聊乏味，如果使用微信或者QQ发布英语知识点讲解，则会更加受欢迎，因此微课是当代创新型的教学方式，属于知识的传递者，能够满足学生的具体需求。将微课教学运用于大学英语教学，可以加速教学改革，更新教师的教学结构和教学理念，使教师顺应时代的发展和学生的需求，也能让英语教学跟上时代发展的步伐。此外，微课推动着大学英语课程内容和体系的改革，微课通过时代信息技术，整合教学资源，可以扩大教学途径，转换学习视角，丰富教学资源，改革课程体系。

（4）培养学生的自主探究能力

培养学生的自主探究能力是大学英语教学的重要任务之一，在大学英语教学中，教师应注重培养学生的这一能力。而有效利用网络和微课教学的优势，可显著提高学生的自主探究意识和能力。具体而言，教师在向学生讲解英语课文时，可结合教学中重点内容和课文中出现的不同角色，先播放相关的视频让学生观看，然后对他们进行分组，让学生以小组为单位讨论课文内容并进行创意表演。通过这一过程，学生不仅积极性被调动起来了，还能积极自主探究学习内容，巩固和加深对课文内容的理解。

（5）创新新型的师生关系

在大学英语课堂教学中，教师普遍使用多媒体进行教学，就是以书本内容为核心，以PPT的形式讲解课文知识。而在微课教学中，教师的角色发生了变化，教师不仅是传授者，也是解惑者和引导者，除了向学生提供学习资源，还会指导学生有效学习，满足学生不同层次的个性需求，这有利于改善师生的紧张关系，拉近师生之间的距离。

3. 大学英语微课教学的构建策略

从当前的文化教学实践分析，微课教学有着广阔的前景。虽然英语文化教学中微课教学的设计是当前关注的问题，但是也不能忽视英语文化教学中微课教学的实施。

（1）构建微课学习平台

英语文化教学中微课教学主要是基于视频建构起来的，同时需要互动答疑、微练习等辅助的模块，这些在之前的英语微课教学的构成中有详细论述。但是这些模块的构建对于学生文化学习兴趣的提升、教师信息化应用能力的提高等都是十分有帮助的。在这之中，微慕课平台是一个较为创新的平台，即运用微课教学展现慕课教学的专业化与系统性。这一平台结构更为灵活，知识含量更高，是一个较好的平台。

（2）开发与共享微课资源

微课教学的出现，使得教学资源可以通过互联网传送到各个地方便于各个地方及时更新与推进，实现真正的资源共享。

（3）提升微课的录制技术

英语文化教学中微课教学录制技术要求较高，且尽可能保证简单化，使教师便于执行，同时不断提升自身的录制技术。

另外，微课视频研发人员也应该不断对技术进行提升，追求卓越的技术，使得英语文化教学中微课教学的实施得到更大范围的推广。

三、翻转课堂教学

（一）翻转课堂教学的内涵

关于翻转课堂，大家对其最朴素的解释就是，将传统的课堂学习和课后作业的顺序进行颠倒，即将知识的吸收从课堂上迁移到课外。知识的内化则从课后转移到课堂，学生课前在网络课程资源和线上互动支持下开展个性化自学。在课堂上则在教师引导下通过合作探究、练习巩固、反思总结、自主纠错等方式来实现知识内化。

随着教学过程的颠倒，教与学的流程、责任主体、师生角色、课内外任务安排、学习地点和备课方式等方面都发生了明显变化。与传统意义上的课堂教学结构相比，翻转课堂颠覆了人们对课堂模式的思维惯性，改变了学生学习流程，从新的角度揭示了课堂的新形式、新含义。有人认为，"翻转课堂"打破了持续几千年的教学结构，颠覆了人们头脑中对课堂的传统性理解，倡导先学后教、以学定教，赋予了学生学习更多的自主性和选择性，强化了师生之间的沟通与交流，实质是学生学习力解放的一次革命。

（二）大学英语翻转课堂教学的意义

翻转课堂教学为大学英语教学提供了新的平台，从本质上体现了英语教学改革的深化,帮助英语教学突破困境,为学生的英语学习提供便利。下面就具体分析大学英语翻转课堂教学的意义。

1. 使教学更加直观和简单

翻转课堂通过借助多媒体技术,将相关的图片、音乐、视频等融入教学视频,使得原本晦涩难懂的英语知识变得直观和简单,也使得原本沉闷的课堂教学变得生动活泼。

2. 使教学更具多样性和趣味性

用于翻转课堂的教学视频的制作对教师的专业能力有着很高的要求,要求教师所制作的视频内容简洁、形式多样、幽默丰富等。基于这些要求和特点,翻转课堂有效增添了大学英语教学的趣味性,不仅能创造良好的学习环境,还能有效激发学生的学习兴趣。此外,很多的翻转课堂教学视频涉及的内容十分广泛,包括英语音乐、英文电影、英语小说等,这些内容与课程教学息息相关,使得教学形式生动形象,更加多样化。

3. 能够提升学生的主动意识

在翻转课堂教学中,师生之间的互动频繁,学生的主观能动性被充分调动,学生掌握着学习的主动权。基于翻转课堂教学模式,学生可以根据教师提供的资源先进行自主学习,还可以在课堂上与教师展开学习方面的探讨,进一步深化与掌握知识内容,这有效体现了学生的主体地位,而且淡化了对教师的依赖。

4. 加深了学生之间的互动

翻转课堂改变了师生之间的相处方式,在翻转课堂中,教师与学生之间形成了一对一的交流。如果学生对某一知识点存在疑问,那么教师可以将这些学生集中起来,对他们进行特别指导。另外,在翻转课堂中,教师不再是学生知识的唯一来源,学生与学生之间还可以进行互动学习。

(三)大学英语翻转课堂教学的构建策略

目前,国内外出现了各种各样的翻转课堂教学,它们都建立在课程资源、教学活动、教学评价和支撑环境这些要素的基础之上,因而翻转课堂教学的设计亦以此为依据。

1. 设计英语教学过程

美国创新学习研究所（Innovative Learning Institute，简称ILI）提出了翻转课堂设计流程。翻转课堂的设计过程主要包括确定学生课外学习目标、选择翻转内容、选择内容传递方式、准备教学资源、确定课内学习目标、选择评价方式、设计教学活动、辅导学生八个主要环节。

（1）确定学生课外学习目标

英语教学中翻转课堂教学过程的设计要确定学生的学习目标。翻转课堂使得课内教学和课外教学发生了颠倒，学生总共需要完成两次知识内化，第一次知识内化是在课外自主学习新知识，第二次知识内化是在课内完成的。显然，课内和课外对学生的要求是不同的，学生需要在课内外实现不同的学习目标。

（2）选择翻转内容

当确定了翻转课堂的课外学习目标后，就要结合学生本身的认知规律和特点去选择课外自主学习的合适内容。课外学习目标主要是低阶思维的目标。

（3）选择内容传递方式

选择内容传递方式是指确定学生的自主学习内容通过什么媒体工具表现出来。教师要结合特有的接收设备情况、学习者的地理位置、学习内容的形式和资源大小等因素，选择学生开展个性化学习时传递内容形式丰富、传递速度快、获取内容方便的传递方式。

（4）准备教学资源

在确定了学习内容及其传递方式后，就可以收集相关的网络学习资源供学生学习，或者开始制作、开发新的相应的学习资源。在该环节中需注意，无论是利用已有的学习资源还是自己开发新的学习资源，均需与先前确定的学习内容保持一致，并且资源的形式、大小等要求也需和传递工具相匹配。

（5）确定学生课内学习目标

前面的第一环节确定的是课外学习目标，是针对低阶思维技能的学习目标；本环节确定的是课内学习目标，是针对分析、评估和创造等高阶思维技能的目标。因为在课外，学生能参与的更多是培养其识记、理解和应用等的学习内容，而在课内，学生是通过与同伴和教师面对面地交流、讨论和开展协作探究等活动。所以，这一环节的学习目标与第一环节的学习目标有所不同。

（6）选择评价方式

在教学正式进行前，教学中的主体和主导者，即学生和教师都要对课堂教学活动提前做好充分的准备。对于教师而言，选择一种合适的评价方式非常重要。低风险的评价方式应该是教师的理想选择，它是指不对学生的评价结果进行分数、等级的评比，而仅作为发现学生学习问题的一种教学评测方式。通过低风险的评价方式，教师可以发现学生学习真正的难点，以便教师和学生调整教学计划和学习计划。低风险的评价方式有很多，其中常用的一种就是课前小测验，这些小测验的题目量并不多，一般只有3~4个问题，针对的内容是学生在课外自主学习的内容，其不仅仅是检测学生在课前学习的事实性知识，更重要的是为学生提供一个综合应用所学知识的机会。通过课前小测验，教师能及时地把测验中出现的问题反馈给学生，学生也可以向教师提出自身遇到的问题，并通过与教师交流促进问题的解决。

（7）设计教学活动

如前所述，课外的学习内容和活动主要帮助学生解决识记理解类的知识，在课内则是帮助学生解决学习难点，并充分应用所学知识，学习更深层次的内容。当通过课前评价了解到学生真正的学习难点后，教师需针对性地设计具有导向性的课堂教学活动，以便更好地培养其分析、评估和创造等高阶能力，可采用如基于项目的学习、基于问题的学习、协作探究学习等形式。

（8）辅导学生

教师作为教学的主导者，在各种形式的教学活动中都要充分发挥自身的主导作用，只有这样才能取得良好的教学效果。具体而言，在进行教学活动时，教师需提供相应的脚手架，为学生更好地开展活动提供必要的支持。另外，在必要的时候，教师还应该为某些理解学习内容和活动有困难的学生提供个性化的辅导。在整个学习活动中，教师需对提出疑问的学生给予及时的反馈，在学生汇报学习成果或学习结束后，教师要进行统一的总结反馈，以促进学生进行知识的内化和升华。

2. 开发英语教学资源

（1）支持信息化教学资源

广义的教学资源是指用于教与学过程的设备和材料，以及人员、预算和设施，包括能帮助个人有效学习和操作的任何东西。而随着信息技术的发展，信息化教学资源的概念就出现了，它是指在以网络和计算机为主要特征的信息技术环境下，为教学目标而专门设计的或者能为教育目标服务的各种资源，包括教育环境资源、教育人力资源和教育信息资源。

随着信息化资源的发展与教育应用，翻转课堂教学理念才得以提出。从上述所述翻转课堂的完整过程可知，支持翻转课堂需要用到的信息化教学资源主要包括教学视频、进阶练习、学习任务单、知识地图和学习管理系统五大类。

翻转课堂教学的实施，不仅需要上述教学资源作为主要资源，还需要借助一定的教学辅助工具。该类教学资源几乎贯穿于翻转课堂的全过程，其作用主要是帮助教师进行教学视频的制作、师生间开展交流协作、学生学习成果的展示等。按照作用于翻转课堂教学开展过程中的不同方面，可以将教学辅助工具分为视频制作工具、交流讨论工具、成果展示工具和协作探究工具四类。

（2）遵循资源选择的基本原则

翻转课堂的每一类资源都不是完美的，不存在放之四海而皆准的资源。每类资源都各具特点，并且每类资源可供选择的具体资源种类、载体类型众多，因此教师应根据教学实际需要选择合适的翻转课堂的教学资源。一般而言，翻转课堂教学资源的选择需遵循最优选择原则，具有较强兼容性，多种媒体组合。

最优选择原则是指教师根据教学内容和教学目标的要求，选择最适合存储和传递相应教学信息并能直接介入教学活动过程中的载体。

具有较强兼容性是指当众多便携式的移动智能终端在大学英语教学中广泛应用以后，大学英语教学不仅变得更加高效，还发生了一场变革。在这种情形下，翻转课堂理念变得普及起来，翻转课堂的应用也得以在大范围内开展。翻转课堂实施的普遍现象是，学生利用各类移动设备。如平板电脑、智能手机等进行课外自主学习，课内教师利用移动终端设备进行授课。因此，资源载体的改变，迫使资源的形式也做出相应的改变，要求其必须兼容各类学习终端设备，在各类终端设备中都能流畅运行。

多种媒体组合是指翻转课堂教学真正做到了以学习者为中心，这对后期的教学资源的选择有一定的指导作用。在选择教学资源时，教师应该考虑学生的兴趣、生活现实，尽可能选择丰富的教学资源形式，即有机结合文字、图片、声音、视频、动画等多种媒体形式。

3. 设计英语教学活动

根据前面所述的翻转课堂的完整过程，翻转课堂教学活动设计包括课外活动设计和课内活动设计两个部分。

（1）设计课外学习活动

翻转课堂的课外学习活动一般属于线上活动，主要包括以下三类：

①在线学习。在课外，学生通过阅读相关的电子书籍、资料或观看教师提前准备好的讲授视频，掌握并理解课程中重要的信息。有在线学习和观看教学视频两种形式。有时为了加深学生对信息的理解，在线学习的材料还附加一些引导性问题、反思性问题、注释、小测验等，用于辅助学生进行自主学习。

②交流讨论。通过在学习管理系统中开辟一个专门的讨论区，或借助专门的在线交流工具，教师和学生以课外学习内容为主题展开交流和讨论。讨论主题既可以是教师预设的，也可以由学生创设。由此，一种师生在线辅导和师生自由组织学习的学习模式就形成了。借助这种学习模式，学生掌握学习内容的速度较快，并且掌握的层次较深，从而为课内的学习活动做好准备。

③在线测评。在学生完成了新知识学习的任务后，可以进行在线测评。在线测评一般采用低风险、形成性的评价方式，不仅检验了学生的学习成果，还给学生提供一个反馈问题的机会。通过在线测评，教师和学生在课内教学活动开展前针对问题提前做好准备。

（2）设计课内学习活动

根据翻转课堂的特点，影响翻转课堂教学效果的最大因素是如何通过课堂活动设计完成知识内化的过程。在设计课堂活动时，关键要看情境、协作、会话等要素是否有利于学生主体性的发挥，从而促进学生达到高阶思维能力的目标。课内学习活动一般可以分为个体学习活动和小组学习活动。

第三节　信息化技术与英语课程整合的意义

信息技术与英语教学有效整合，有利于充分利用现代信息技术的优势，完成高校英语教学任务，培养大学生英语人才，推动大学生素质教育。这是信息技术与英语教学整合的最初形式，也是最基本的层次。教师利用教学平台或多媒体教学手段，编写英语教学内容，用形象生动的英语情境教学激起学生学习英语的兴趣，使高校大学生的英语教学更贴合实际的生活情景。信息技术与英语教学的整合，使计算机代替粉笔、黑板等传统教学媒体，实现传统模式所无法实现的教学功能。

一、促进师生交流

在信息技术背景下，教师与学生通过互联网网络如 QQ、微信、微博等多媒体随时随地沟通交流，使师生之间的交流达到快速、优质、高效的效果。在信息技术环境下的英语教学模式，改变了传统教学模式下的师生交流方式。

信息技术、计算机辅助下的师生交流，是一种科学、合理、和谐的关系，沟通交流起来更加方便快捷。在信息技术高速发展的前提下，创新高校教育教学模式，重要的还是师生角色的转换，要以学生为中心，学生是课堂的主角，教师指导着整个教学活动的过程，同时也是课堂的组织者，教师要积极研究融合优质课程资源，要学会用多媒体、教学平台、人工智能来进行教学，注重能力教育，改变高校教育方式和教育环境。

二、共享学习资源

我国的教育信息化是从 2018 年开始的，信息化带动了教育现代化，我国的高校教育全面进入融合和创新的 2.0 阶段。教育伴随着每一次重大的技术变革教育也在发生着变化，由于工业化时代的教育模式很难适应信息化时代对人才培养的需求，我们要进行教育体制系统的重组和改革。5G、AR、VR 的发展，为我们的教育提供了强有力的信息技术支持，未来，教育是优质资源共享的智能教育时代,智能教材、同步课堂使得优质的教学资源得到了共享,我国慕课的资源数量和应用规模也得到了全世界的认可。

信息技术与英语课程的整合,不仅能使学生学到规范的语言知识,还能通过海量的网络英语学习资源学习到英文文学语言和英语日常用语,提高学生的英语交际能力。

网络信息技术下人们获取知识的来源出现了多元化趋势,学生可以从多种渠道获取自己想要的知识,远远超出了传统教学模式下的英语教材的范围,学生可以自主、有意义地构建自己的英语知识体系。

三、营造良好的英语学习环境

信息技术与英语课程整合可以打破教与学的空间与时间的限制,具有开放性、灵活性、多元性的鲜明特征,教师和学生可以随时随地依据教与学的需求进行选择性的学习。

英语教学的目的是学习一种英语语言,我们要学习英语的单词、语法和惯用法等,要进行"英译汉"和"汉译英"这样的练习,通过不断的练习,让学生复习英语的语法和单词。这是语言教学模式的普遍教学过程。信息技术环境下为英语教学营造出一种良好的环境。调动学生英语学习积极性,并逐渐培养英语思维模式,摆脱先将英语翻译成汉语再进行理解的不良习惯;增加语言积累、了解文化背景、熟悉交际技巧、提升听说能力,进而提高对语言进行综合运用的能力;丰富英语教学手段,更好地调动学生的注意力、积极性与自信心,有利于培养学生的想象力与观察力;信息技术与英语教学的结合可以创设与真实场景十分接近的语言情境,为学生进行知识同化创造了条件。

四、有利于培养学生的信息素养

信息技术融入高校英语教育教学过程中,改革创新了高校英语教学方式,拓宽了高校英语教学视野,丰富了英语教学内容和教学资源,学生可以选择自己喜欢和需要的英语学习内容和学习方式,利用碎片化的时间学习英语,学生对学习资源信息进行分析、加工和利用,深入学习英语语言学科,更加贴近英语国家的真实生活，充分了解中西方国家的文化差异，也从实践学习中掌握英语语言的技能，培养学生的信息素养与信息利用素质。

五、培养学生终生学习的态度和能力

当今，"终身学习"已经由人们单纯的愿望变成了具体的行动。时势可以铸造英才，时势也可以淘汰庸人，现实迫使人们产生了紧迫感。学会学习和终生学习，是信息社会对公民的基本要求。信息技术与英语教学的整合，迎合了时代的要求，在培养学生树立终生学习的态度上，有独特的优势。这种整合，使得学生具有主动吸取知识的要求和愿望，在日常生活实践中能够独立自主学习，自我组织、制定并实施学习计划，能调控学习过程，能对学习结果进行自我评估。这无疑在学习方法上进行了一种变革。

第四章　信息化时代背景下大学英语教学

本章主要介绍了信息化时代背景下大学英语教学，主要从三个方面进行阐述，分别为信息化与大学英语听力及口语教学、信息化与大学英语阅读及写作教学、信息化与大学英语翻译及文化教学。

第一节　信息化与大学英语听力及口语教学

一、信息化与大学英语听力教学

在大数据日益影响社会的当前时代，大学英语教学中也逐渐出现了大数据的影子。大学英语教师开始使用一些信息技术来教授、管理学生，这在大学英语听说技能教学中具有明显的表现。本节主要研究大数据驱动下的大学英语听说技能教学。

（一）大学英语听力教学简述

听力不仅是重要的语言输入技能，也是交际的重要方式，更是英语教学中不可或缺的一部分。提高学生的听力能力是大学英语听力教学的重要目标，但其最终目标是培养学生的跨文化交际能力，即运用听力能力进行交际活动。

1. 什么是"听"

听是一个包含主观能动性的过程，它涉及听者对信号的主动选择，然后对信息进行编码加工，从而确定正在发生的事情以及发话人想要表达的意图。

听力理解涉及的对象是第一语言和第二语言，所要做的事情就是弄懂这两种语言。但是，对这两种语言的理解是有本质区别的。其中，对第二语言的听力理解比较关注语言的结构层面、语境、话题本身以及听者本身的预期。

"听"与"读"都是一种对信息的输入，但是在大学英语听力教学中教师绝对不能将"听"看作阅读的声音版，而应该认真研究"听"的本质属性，并据此去组织教学，从而帮助学生获得一定的听力技能。

2. 什么是"听力理解"

从信息论的角度来讲，听力理解是对信息进行认知加工的过程。"听力理解"呈现出以下几种特征：

（1）时效性

时效性是指听力理解要求学生在一定的时间内高效地对声音信息进行加工。要做到这一点，学生需要认识到时间的紧迫性并且能够快速地判断。声音信息输入的流线型特点同样要求听力理解具有时效性。听力理解是否具备时效性，往往成为衡量学生听力能力的关键指标之一。

在大学英语听力教学中，教师可以将听力理解的时效性特点向学生进行详细的解释，这样可以督促学生做出更好的听力计划，促使学生监控和评估自己的听力能力。要想保证理解效度的最大化，学生就需要解决自身的听力时效性；如果不能解决这一问题，那么学生就很难理解发话人接下来的话语。

（2）过滤性

过滤性是指学生在听力理解的过程中能够准确地筛选出有用的信息，而剔除那些无用的甚至是干扰的信息。简单来讲，过滤性就是"抓关键信息"。

显然，学生不需要原原本本地将听力内容在头脑中放映一遍，但是必须能够把握住听力内容的中心思想。因为听力理解的内容是一连串连续性的语言符号，人们必须从整体上把握内容，而不是孤立地关注某一个音素。想要把握听力内容的中心思想不偏离听力内容的大方向，就必须先获取发话人的"主题"，然后围绕这一主题探索事件的时间、地点、过程以及发话人的思想情感等边缘要素，主题和边缘要素存在着一种内在的连贯性。

（3）即时性

即时性是指听力理解无法提前安排和计划，都是随时进行随时结束的。这就使得我们不可能提前对听力理解进行演练，从而导致了听力理解的不可预知性，这正是它的难点所在。因此，在听力教学中，教师应该尽可能地培养学生对听力材料的适应能力，能够对各种情况做到随机应变。

（4）推测性

推测性是指听力理解是通过推理进行的。说到底，只要是含有理解的行为，就少不了推理的存在。说得具体一点，推理就是依靠自己的主观能动性不断验证先前的假设的认知过程。在一次完整的推理中，有两个环节是必不可少的。首先是预测将要发生的事情，其次是对结果进行推断。当然，这两个环节有其存在的前提，也就是我们不能做无缘无故的预测，而是要根据已有的知识经验来推测未知的事物。并且已有的知识经验和未知的事物之间是有着内在关联的，听者就是需要通过这些显性或者隐性的关联来寻找发话人的信息，从而推测发话人的意图。

（5）情境性

情境性是指听力理解是发生在特定的时间、场合之下，时间场合就构成了听力理解的情境。随着时间和场合中任何一方面的改变，情境都会改变，这就引起了不同听力情境的发生。

听者之所以要关注听力理解的情境，是因为这些情境中包含着很多重要细节，它们决定了听者对话语意义的理解，同时为即将产生的话语提供理解的线索。在日常的听力教学中，教师要提醒学生注意情境，有意识地提高学生对情境的敏感度，从而促使学生对话语有更准确的理解。另外，教师应该尽量为学生创设真实的情境，因为语言的运用就是在真实的情境下发生的。

（6）共振性

"共振性"这一概念应该是从物理学中移植过来的，表示一种瞬间感应性。听力理解具有共振性，是指听力理解是在对应原则的基础上发生的，有着自己独特的经验和惯性。

具体来讲，在听力理解中，一些新信息不断地刺激大脑，从而激活大脑中的已有知识，新知识和已有知识之间的交流就是共振。那也就意味着，你拥有的知识总量和你的感知能力的高低是成正比的，和你的共振效率也是呈正相关的。听力理解的共振性和信息加工理论中的"编码—解码"程序有很大的关系。

3. 听力认知策略

根据认知理论，听力理解是一个需要听者积极构建意义的过程，也是一个复杂的认知过程。在学习中运用认知策略提高对学生建构意义、获取信息的能力大有裨益。将基于认知策略的听力教学模式运用于大学英语听力教学实践，对提高学生的听力水平和教学效率十分有利。

基于认知策略理论的英语听力学习模式的实施步骤具体如下：

在听前阶段，教师的主要任务是让学生对听力材料的背景有所了解，教会学生使用目标语资源和推测策略，通过各种途径，如查阅词典、百科全书等扫除词汇障碍，同时提高学生已有的知识储备为即将进行的听力活动做好准备。

在听中阶段，教师要培养学生的联想、推测、演绎、速记等能力来帮助学生完成听力活动。以《新视野大学英语视听说教程》第三版 Book 1, Unit 7 Weird, Wild and wonderful 为例，本单元涉及的话题是自然与环境问题。在听力教学中，教师要充分激活学生头脑中储存的有关环境问题的图式，如水源污染、大气污染、森林破坏等，让学生合理推断文章内容。在第一遍听录音过程中，教师要求学生概括文章大意，这需要学生在听的过程中，结合自己的储备知识，运用联想策略，归纳篇章大意。在第二遍听录音的过程中，学生需要把握细节信息，完成表格中的空缺信息，教师要训练学生集中注意力，抓住重要信息进行速记的能力。在听力活动结束后，如果信息有遗漏，教师可以引导学生运用推测、联想等技能，进行合理的推测，以增强学生对听力材料的理解和掌握。

在听后阶段，教师要训练学生通过归纳、总结等技能对听力材料内容做进一步的加工处理，实现语言的内化。此外，教师应指导学生对听过的材料进行重复练习，让学生模仿训练，从而起到巩固语言基础的作用。

4. 听力训练的方法

听—画：学生边听英语，边画出相应的图画。

听—视：学生边看黑板上的图画，边听教师讲。有条件的地方可利用投影仪、幻灯片或录像机进行视听训练。

听—答：教师对听的内容进行提问，要求学生口头回答。

听—做：教师根据所听的内容发出指令，要求学生做出相应的行动或表情，如 Show me how David felt when he met Jane at the airport. 教师使用课堂用语时向学生发出的指令也应属于此类，如 Come to the front.

听—猜：学生在听前根据教师的"导听问题"（guiding questions）提示，并结合已学的知识对所听的内容进行预测（predict）。

句子段落理解：教师放录音或口述句子、段落。学生一边听，一边看教师示范表演各句意思，以指出或举起相应的图画或做相应的动作来表示；教师用手势画出单词重音、语调符号和节奏，让学生模仿。

短文理解：学生先听录音，然后根据短文的内容，进行形式多样的练习帮助听力理解，如听录音回答问题，听录音做听力理解选择题，听录音判断正误，听录音做书面完形填充练习，复述短文大意，做书面听力理解练习题等。

课文听力训练：教新课文之前，先让学生合上书本，听两遍课文录音，或听教师朗读课文；讲课文时，教师一边口述课文，一边提出生词，利用图片、简笔画幻灯片或做动作向学生示意，帮助学生达到初步理解的目的；学生根据课文内容进行问答，如就课文中生词或词组提问，就课文逐句提问，就课文几句话或一段话提问等。

技能学习：听力的有效进行是需要一定的技巧的，在大学英语学习过程中，学生应掌握几种常用的听力技巧。

第一，听前预测。在进行听力之前，进行一定的预测是很有必要的。在教学中，教师可以指导学生在正式听前浏览一下听力问题，据此预测听力测试的范围，如地点、时间、人名等，这样可使听力更具针对性。

第二，抓听要点。在听的过程中，要学会抓听要点。也就是抓听交际双方言语活动中的主要内容、主要问题、主题句和关键字等，对于一些无关紧要的内容则可以不用重点去听

第三，猜测词义。听力过程中不可能听明白每一个词，而且有时难免会遇到陌生的单词，此时如果停下来思考这个词的意思，就会影响对整个听力材料的理解。这时只需继续听，通过上下文来猜测词义，这样既不会中断思路，也能流畅地理解听力材料内容。

第四，边听边记。听力具有速度快和不可逆转的特点，学生在有限的时间内不可能听懂和记住所有的内容，此时就需要借助笔记来辅助听力活动，也就是边听边记录。听力笔记不需要十分工整，只要学生自己能看明白就行。

5. 听力训练的要求

熟练掌握英语课堂用语，尽可能用英语组织教学；充分利用音像手段（如录音机）和软件资料进行大量的听力训练；遵循循序渐进的原则，听音材料难度应该由浅入深，生词量小，语速由慢到快，长度由短到长；尽量将听与说、读、写等活动结合起来进行训练；结合语音语调的训练，特别是朗读技巧（单词重音句子重音、连读、辅音连缀、停顿和语调）来训练听力；听前让学生明确目的和任务；把培养听力技巧（音、抓关键词、听大意、听音做笔记等）作为教学的主要目标；布置适量课外听力训练。

（二）大学英语听力教学的原则

1. 激发兴趣原则

听力能力的提高需要一个过程，不能一蹴而就，需要不断地练习和努力，很

多学生由于自己听力能力不佳，加上进步缓慢，因此对听力缺乏兴趣。可见，兴趣对于英语听力学习至关重要，对此教师在开展大学英语听力教学时要有意识地激发学生的兴趣，也就是遵循激发兴趣原则。具体而言，教师在进行听力教学之前，先要充分了解学生的兴趣所在，即了解学生对哪些听力活动和听力内容感兴趣，然后以此为依据来调整教学内容和教学方法激发学生的听力兴趣，调动学生的积极性，进而提高学生的听力水平。

2. 情境性原则

听力是交际的重要方式，学生只有在自然、真实的环境中，才能与环境产生相应的互动，获得真实的语言体验。很多教师往往都有这样的感受，即教师竭尽全力鼓励学生参与课堂活动，但学生依然对听力学习缺乏积极性，课堂教学非常沉闷。实际上，良好的课堂氛围需要师生共同营造，教师应该与学生积极沟通，充分发挥自己的主导作用和学生的主体作用，应在活跃、自然、民主的课堂环境中，创建英语语言情境，进而培养学生的听力能力。

3. 综合原则

英语包含四项基本技能，即听、说、读、写，这四项技能之间并不是相互独立的，而是密切联系、相互促进的。所以，教师要想切实提高学生的听力水平，就要重视听力与其他技能之间的关系，将输入技能训练和输出技能训练相结合，培养学生的综合英语能力

4. 注重情感原则

在教学中，教师除了要注重学生学习本身，还要重视学生的情感体验。具体而言，教师要为学生创造一个轻松、愉快的课堂环境。例如，教师在听的过程中可以穿插一些幽默小故事、笑话、英文小诗、英文卡通或英文歌曲等，也可以根据实际情况改变听的形式或更换听的内容等，努力消除学生因焦虑、害怕等产生的心理障碍，创造和谐的学习氛围，使学生获得良好的学习体验，进而提升学生的听力水平。

（三）大数据驱动下大学英语听力教学的方法

1. 充分利用 TED 资源

TED（technology，entertainment，design）是美国的一家私有非营利性机构，

宗旨是"用思想的力量来改变世界"。TED演讲的领域已从最初的技术、娱乐、设计三个领域扩展到了各行各业，演讲者涉及科学家、哲学家、艺术家、探险家、心理学家、语言学家、宗教领袖、慈善家等。每年3月，TED大会在美国召集众多科学、教育、商业、环保、设计、文学、音乐等领域的杰出人物，分享他们关于技术、社会、人的思考和探索。

TED演讲提供了大量的真实语言材料，这与传统的音频大相径庭。学生平时上课接触的语言材料大多是其母语者在录音棚里录制而成，尽管保证了语音的纯正，但是改变了交际的真实环境。演讲主题包罗万象，与"语言学习就是一部百科全书"的观点不谋而合，确保了语言输入的广度。演讲者均为讲授领域的佼佼者，传达的信息性和思想性都很前沿，有助于提高英语专业学生的思辨性。TED官网上发布的演讲视频一般都在15分钟左右，短的在10分钟以内，长的20分钟。这与当下翻转课堂教学视频的时间很吻合。演讲者来自世界各地，各种口音及真实的情景交际可以让学生真真切切地领悟眼神、手势、面部表情、语速、声音、重音停顿等传达的语言及文化信息。TED官网提供的视频均无字幕，但在视频下面有一个独立的互动文稿，并同步显示演讲者的话语。这种技术支持学生选择听的方式，如视频、视频＋字幕、先视频再字幕后视频。TED官网使得听什么、何时听、如何听成为现实。学生实现了制定目标、选择内容、控制学习进度的自控式学习。

TED视频最大的优点在于给学生提供纯正的、未加工的英语交际情境，通过语言形式、思想内容、技术支持保证听力翻转课堂的运行。

2. 加入多样化教学工具

（1）英语歌曲欣赏

在学习之余，欣赏英语歌曲一来可使得身心放松，营造一个轻松的学习氛围；二来学生可以学习到英语歌曲中的一些表达方式、用词，同时可以学到一些英语发音的技巧等，能有效地激发学生的学习兴趣和动力。平台上的英语歌曲应该具有一些当地的文化特点，也可以选一些歌词有意义的歌曲，教师可以先让学生大致了解歌词的内容及旋律，再以填空、听写、提问、判断、排序等形式在平台上出题。

（2）影视作品欣赏

电影中丰富的故事情节牵引着学生，使学生主动融入其中，了解当地的风俗习惯，消除其心中的紧张感，有效帮助他们吸收知识、提高听力能力。从聚精会神观看至完全投入的状态，学生会很主动地跟着电影里的声音去说、去学。在之后的课堂英语讨论和交流的过程中，平常不敢交流的学生可能会受电影的影响发表自己的观感。

（3）英语竞赛视频

在平台上有一些优质的竞赛演讲视频，学生可以感受演讲者演讲时的语音语调和优秀演讲者的语言表达及他们的应变方法。在提高听力的同时可以学到一些演讲技巧。多听不同的声音，多从不同的角度看问题能更好地提高大学生的英语听力理解能力。

（4）访谈视频

看一些名人、明星的访谈视频对提高听力也有一定的帮助。学生会被名人、明星吸引，然后去看其访谈视频，会带着好奇心去听其中的内容，对提高听力有很大的帮助。访谈的内容会涉及很多方面的信息，有情感上的沟通，有生活中一些感人的或是有意义的事例，有助于学生对谈话的内容产生共鸣。还可以从主持人讲话的语速、表情、姿态等一些细节中学到除听力外其他的主持技巧紧急状况的处理方式等。

3. 建立多元化考核机制

在课程评价体系里面，"翻转课堂"教学模式以学生专业技能和综合素质的全面发展为教学目标，提倡自主学习和协作学习并重，因此在教学效果评价中必须打破传统的以期末总结评价为重心、以教师考核学生为主要手段的评价考核机制。要建立由教师评价学生、学生自评、小组成员互评、小组自评和组间互评等方式构成的多元评价考核机制，并强调形成性评价与总结性评价相结合，使学生由被评价的对象变为评价的主人，而教师由以往的唯一评价者变为评价者之一和评价活动的组织者。

二、信息化与大学英语口语教学

（一）大学英语口语教学简述

口语作为一种日常交流与沟通的重要工具，在英语教学领域是非常重要的。口语这一技能并不是单一的，其与其他技能往往有着交叉、重叠的关系。在英语教学过程中，口语教学很难与其他技能区分开。简而言之，英语教师在进行口语教学的过程中，往往也会涉及他对其他教学技能的掌握。

1. 口语是综合性的语言素养

对于学习英语口语的学生而言，他们想要使用英语进行口语表达，就需要掌握一些英语的基础知识，如英语的节奏感、语音、语调、元音、辅音等，同时需要掌握一些会话的技巧，如在交际过程中如何礼貌地打断他人，如何礼貌地回复他人等。可见，英语口语能力的提升并不是一件容易的事情，学生除了要掌握发音，还要掌握这门语言的功能。学生想要掌握一门语言，不仅要学会发音，还需要把握这门语言的其他方面的知识内容，如这门语言背后的社会习俗、文化背景、交际方式、社会礼仪等。可见，语言交际看似简单，其实相当复杂，是上述所有内容的一种综合体现。

2. 口语能力分析

人们对口语能力这一概念的理解往往不同，不同的理解通常会带来不同的教学效果。英语作为一门语言，是随着社会的发展而发展的，其学习理念同样会逐渐变化。在以前，人们认为英语教学的理念就是发展学生的语言能力，让学生掌握基本的语音词汇、语法、句法，学生只要对这些知识有了充分的掌握，就会自觉学会运用，流利地使用这门语言进行沟通与交流。然而，现实情况往往与人们想当然的想法大相径庭。

此后，语言学领域的研究者以及作为一线工作者的教师认为，学生只掌握语言的语音词汇、语法等知识并不能真正学会英语，更不意味着可以流利地开口讲英语，甚至不能利用自己所学的这门语言在社会上谋生。

至此，学者以及教师开始将英语语言能力看作交际能力的一个重要组成部分。有学者认为，交际能力是语言学习者与他人利用语言这门工具所进行的信息互动，进而生成一种有意义的能力，这种能力区别于做语法、词汇知识选择题的能力。学生如果想要获取更加高级的交际能力，就必须对所使用语言的社会环境、文化环境有一定的了解。

社会语言能力往往指的是使用语言的人在不同的场合与环境中运用语言的能力，这一能力涉及的层面主要有：正式语言或非正式语言的使用，用词是否恰当，语体变换与礼貌策略等。

社会语言能力要求人们可以根据不同的场合、对象，将自己的意思准确、清楚、得体、流利地传达出来，充分维护自身的人际关系。策略能力可以帮助人们将一些难以表达出来的内容利用其他方式传达出来，如肢体动作等，从而顺利实现交际。语篇能力则要求人们可以清楚、有效地传达自己的信息，从而帮助听者顺利理解其中的意义。

3. 口语策略与具体技巧

（1）利用课外活动练习口语

英语课程的课堂时间十分有限，学生仅仅依靠课堂上的学习时间往往很难满足自身学习任务的要求，所以教师应该引导学生自主利用身边一切可以利用的时间和环境来练习口语。学生在课外学习的知识可以作为课堂教学内容的补充，如果教师能够利用丰富的第二课堂，即课外活动，那么学生自身的口语能力提升的速度将是显而易见的。例如，教师可以组织学生进行英语演讲、英语作文比赛、英语短剧表演等，让学生将自己的表演录成视频在多媒体教室播放，学生通过观看视频来提出自己的建议与评价，这可以在短时间内提升学生的英语口语能力。此外，有条件的学校还可以邀请一些外籍教师为学生进行课外讲座，或者创办英语学习期刊、设立英语广播站等，让学生在丰富自己课余生活的同时体会到英语口语的乐趣，从而更加热爱英语口语学习。

（2）利用美剧学习口语

大学校园中，美剧十分流行，深受学生的喜爱。实际上，看美剧并不仅仅是一种消遣方式，还是帮助学生认识西方文化、提高口语表达能力和交际能力的重要途径。对此，教师可以通过美剧来开展口语教学，以改善口语教学环境，激发学生的学习兴趣，锻炼学生的口语表达能力。

①选择合适的美剧。美剧通常语言地道、故事情节生动富有吸引力，是一种有利于激发学生兴趣的学习资料。美剧类型丰富，题材各异，不同类型的美剧对学生的口语能力所发挥的作用也不相同，因此在运用美剧开展口语教学时，教师要对美剧进行筛选，选择有利于发展学生口语水平的美剧。此外，教师还要提醒学生不要只沉浸在对美剧的欣赏中而忽视对美剧中语言知识和文化背景的学习，要鼓励学生带着学习动机来观赏美剧。

②开展层次性的反复训练。在运用美剧进行口语教学时教师应遵循循序渐进的原则，开展反复性的练习，逐步提升学生的口语能力。例如，在首次观看的时候，教师要引导学生将精力放在剧情上；在第二次观看时，教师可以引导学生对剧中的表达和语法等进行推敲；在第三次观看时，教师可以引导学生重点对人物说话的语气以及台词所隐含的内容进行挖掘和分析。分层逐步开展，可以有效加深理解和记忆，对提高学生的口语能力十分有利。

③关闭字幕自主理解。在看美剧时，很多学生习惯看字幕，脱离字幕将无法正常观看影片，实际上这样观看美剧对提高口语表达能力并不明显。在观看美剧时，学生应对台词形成自己的理解，在不偏离剧情中心思想的情况下抛开字幕自主理解，可以有效锻炼英语交际思维能力。

④勇于开口模仿。学生要想通过美剧切实提高口语交际能力，就要在听懂台词、了解剧情的基础上开口说，即对剧中人物的台词进行模仿。只有不断地开口练习，才能培养英语语感，增加知识储备，进而提高口语交际能力。总体而言，采用美剧来辅助英语口语教学能有效提升学生的听说能力，还能提升学生的写作能力，进而培养学生的跨文化交际能力。

（3）利用课堂活动练习口语

口语学习的目的是进行实际交际，所以学生只有在真实的情境中开口说英语，才能使自己的口语能力得到锻炼。对此，教师可以采用情境教学法开展口语教学，即创设真实的情境，让学生在真实的环境下学习口语。具体而言，教师可以通过角色表演和配音两种活动来创设情境，锻炼学生的口语能力。

①角色表演。教师可以根据教学内容让学生进行角色扮演，将主动权交给学生，让学生自主分工、自行排练，然后进行表演。这种方式深受学生喜爱，可以激发学生说的兴趣，让学生在真实的社会场景中进行社交活动，锻炼口语能力。

当学生表演结束后，教师不要急于评价学生，应先给学生一些建议，然后再进行点评和总结。

②配音。配音是一种有效锻炼学生口语能力的方式，教师可以充分利用配音活动来提高学生的口语水平。具体而言，教师可以选取一部英文电影的片段，先让学生听一遍原声对白，同时向学生讲解其中的一些难点，然后让学生再听两遍并记住台词。最后将电影调至无声，让学生进行配音。这种方式可有效激发学生开口说的积极性，还能让学生在欣赏影片的同时锻炼口语能力。

（4）利用移动技术练习口语

随着科技的发展，移动通信技术开始蔓延至人们生活的各个方面，并且为人们提供了生动的、不受时空限制的交流方式。移动信息技术在教学领域也发挥了重要的作用，很多学者开始将其与口语教学相结合，来提高口语教学的效率。移动通信技术为学生的口语练习提供了全方位的支持，拓展了学生接触地道英语的途径，还实现了课内与课外的连接。

①课前自学。在课前，教师会将课本中的内容要点制作成长度适中的视频短片，然后通过不同的方式传递给学生，让学生学习。学生通过移动网络获得视频之后，可以根据自己的情况选择恰当的时间和空间进行自主学习。

②教师讲解。在学生课前自主学习的基础上，教师在课堂上重点就一些词汇、句式和语法项目进行讲解。讲解的过程是结合视频资料，解决学生学习中的主要问题，同时为学生示范，引导学生不断练习。在此过程中，学生又可以进行大量的口语练习活动，口语水平会得到提升，而且能够加深对学习材料的认知程度。

③课堂互动。口语能力的提升需要学生互动和交流，因此，教师在讲解之后应安排课堂互动活动。互动的形式要灵活多样，可以是师生互动，也可以是学生之间的互动。这样可以创造轻松、愉悦的学习氛围，为学生提供锻炼口语的机会，使学生敢于开口用英语进行交流。

④课后的移动式合作学习。课堂教学时间是有限的，课堂教学只能引导学生对新知识进行初级的认知与练习。要想在真实情境中对语言进行更深层次的运用，则必须依靠课后的时间。教师可以以本单元的主要内容与知识点为依据，为学生安排开放式的真实任务，以此来引导学生通过合作方式进行口语交际，使他们在

探索语言运用方式的过程中扩展新知,并在发现问题、分析问题、解决问题的过程中培养创新思维

(二)大学英语口语教学的原则

在英语口语教学中,教师应遵循科学的教学原则,以有效提高学生的口语水平,提升教学的效率。具体而言,可遵循以下三项原则:

1. 先听后说原则

在英语语言技能中,听和说是相辅相成的,听是说的基础,俗话说"耳熟能详",只有认真听、反复听、坚持听,才能最终说一口流利的英语。因此,英语口语教学应当坚持先听后说原则,即教师首先应注意加强学生听的能力,其次才是说的能力。只有坚持先听后说原则,才能帮助学生掌握正确的发音,为训练口语能力打下良好基础。

2. 循序渐进原则

口语能力的提升需要一个很长的过程,不可能一蹴而就,因此在英语口语教学中,教师应遵循循序渐进原则,即由易到难、由理论到实践,层层深入,逐步提升学生的口语能力。我国的大学生来自全国各地,不仅英语口语水平参差不齐,发音也会受方言的影响,因此教师在口语教学的过程中应该解决学生发音层面上的问题与困难,纠正他们的错误发音,让学生按照从简单到复杂的顺序,从语音、语调到句子、语段等逐步进行锻炼。另外,教师在安排与设计教学步骤时要遵循科学原则,充分把握难易程度。如果教学目标定得太高,学生学习起来会有压力;如果目标定得太低,学生学习起来会缺乏挑战性和乐趣,因此,教学目标设计要适度,符合学生的实际水平。

3. 内外兼顾原则

内外兼顾原则是指考虑问题时要顾及内、外两个方面,在这一原则的指导下,教师在英语口语教学的过程中不仅要重视课堂教学,还要引导学生合理利用课外活动来练习口语。事实上,学生的口语学习应该以课堂教学为主,并且将课外活动中的口语学习作为课堂学习的一种补充,二者相互促进、相互配合。在课堂教学练习的基础上,学生开展相应的课外活动,可以将课堂上所学习的知识在课外活动中进行充分实践,从而达到复习巩固知识的目的。此外,学生在课外活动中

还可以运用课堂上所学习的理论知识，将知识内容转化为技能。与课堂活动相比，课外活动的氛围更加轻松，学生的心情也会十分愉悦，在这种放松的心情下来练习口语将会取得令人意想不到的效果。在课程结束之后，教师可以将学生分组，让学生以小组为单位来完成作业，通过相互讨论小组任务，可以帮助学生提升自身的口语能力，同时可适度提升学生的团结协作能力。

（三）大数据驱动下大学英语口语教学的方法

1. 注重网络测试与实施人机对话训练

基于信息技术，大学英语口语教学可以让学生充分发挥自主学习能力，教师可以让学生利用信息技术进行自我口语水平的测试与评估、人机交互口语练习。另外，教师可以利用信息技术批改学生的英语口语作业，还可以为学生布置英语口语方面的练习作业，让学生利用网络下载相关资料，展开自主练习。

2. 注重过程评价与教师科研相结合

众所周知，科研的目的主要是给教学提供更好的服务与指导，充分促进教学成果的提升。简单而言，教学与科研之间的关系是紧密的。在教学的具体过程中，教师可以根据评价结果以及教学过程中自己所发现的问题记录工作日志，在反思过程中改进教学方法，这不仅可以改善教学的效果，还可以大大提升教师自身的科研能力。

3. 课中线下交流 + 信息技术

在课堂上，教师检查学生口语预习任务的完成情况，教师的角色由传统的主导者变成了指导者。课堂口语活动除了面对面的口语交流，还可以通过QQ群发语音参与口语活动，使所有学生都有机会参与，提高课堂参与度。教师对口语表达进行反馈，根据雅思口语评价标准，从流利性和连贯性、语音、词汇多样性、语法多样性和准确性四个方面指出学生口语表达存在的问题。帮助学生诊断口语毛病，进而更有效地学习。课中也会合理运用慕课资源，辅助大学英语口语课堂教学，实现课堂教学与网络信息技术的深度融合，提高大学英语口语教学效果。

课堂口语教学依托阅读、听力和写作教学。学生在听的基础上进行复述、讨论等口语活动，以听促说。在阅读教学过程中，教师针对文章内容提出一些具有挑战性的问题，培养学生的思辨能力和英语综合运用能力。要求学生朗读每个单元的课文，帮助学生发现发音问题，提高发音水平。要求学生运用所学语言知识对文章进行复述，利用学习通，上传语音，部分同学课堂复述展示。适合角色表演的文章要求学生进行表演，就文章的某些观点进行辩论，使课堂口语活动形式更加多样。口语活动结束后，要求学生对同一任务进行写作练习，把口语表达和写作结合起来，培养英语交际技能和思辨能力。

4. 课后"线上+线下"拓展学习

课后拓展学习包括基于网络信息技术的线上学习与线下学习。利用校园听说在线课程巩固课堂教学效果，利用网络信息技术重复练习部分课堂口语学习活动，上传至学习通，提高口语表达的流利性、准确性和自信心。结合课堂教学布置新的交互活动，包括角色表演、看图说话、讨论、单元项目等，学生线下准备，然后通过手机录像上传到学习通，随机选取学生下节口语课进行课堂展示。学生利用教师推荐的慕课链接和口语学习网站，课下线上自主学习。教师利用微信直播等形式答疑解惑。这些口语任务使口语学习从课堂延伸到课外。课后鼓励学生积极参加第二课堂：英语角、话剧表演大赛、朗诵比赛、辩论赛、英语演讲比赛、英语配音大赛等活动，进行线下学习，拓展英语口语输出途径，发挥英语的工具性作用，提高英语交际能力。

第二节　信息化与大学英语阅读及写作教学

对于一门语言的学习而言，读写是其中比较重要的两项技能，英语这门语言同样不例外。我国学生都是在汉语环境下学习英语，缺乏真实的英语交际环境。在当前大数据时代背景下，大学英语教师可以利用先进的信息技术、大数据技术来帮助学生学习英语。本节就针对大数据驱动下的大学英语读写技能教学展开分析。

一、信息化与大学英语阅读教学

阅读能力对于每个人而言都是至关重要的，因为一个人想要了解更多的知识，就需要通过阅读大量的书籍来实现。对于大学英语阅读教学而言，其重要性是不言而喻的。

（一）大学英语阅读教学简述

阅读能力是学生学习英语时必须掌握的一项技能，也是对学生英语水平进行衡量的一项重要指标。通过阅读，学生可以获得丰富的信息，拥有丰富的体验，感受语言带给自己的文化魅力。但是阅读并不是简单地接收信息的过程，而是一种复杂的交际与思维活动。其不仅受语言能力的影响，还会受文化因素的影响，因此，在阅读教学中，只有重视对文化内容的教授，并将跨文化内容融入英语阅读实践中，这样才能真正地提升学生的阅读理解与应用能力。

1. 阅读的内涵

在语言学习过程中，阅读能力一直都发挥着重要的作用，因此很多国家都十分重视阅读。在我国教育教学中，阅读能力也深受重视。关于阅读的定义，不同的学者发表了不同的看法。

很多学者都认为阅读涉及读者和阅读文本，并且认为阅读是这二者之间的交流互动。简单而言，阅读就是读者积极运用已经掌握的语言知识和背景知识等对语言材料进行处理，同时获取信息的过程。总而言之，阅读就是读者赏析、探究文章的一种行为活动，在这个过程中读者和作者可以形成思想上的默契。

在大学英语阅读中，学生不仅需要理解词汇、语法、句意，还要通过背景知识和已有经验不断地体会、领悟作者的写作意图和文章主旨。做到了这些，才算是掌握了文章的深层内涵，也就达到了阅读的最高境界。

2. 阅读的模式

英语阅读模式包括三种：一是自上而下模式，二是自下而上模式，三是交互作用模式。每一种阅读模式都有优势和弱势，学生应该根据自己的目标或者具体情况来选择相应的阅读模式。只要学生掌握了一定的阅读技巧，就能快速地找到一条属于自己的阅读道路。教师也应该根据时代的要求不断创新自己的教学方法，以符合学生的学习发展需要。

（1）自上而下模式

自上而下的阅读理论模式是由戈德曼首次提出的，简单地讲，这种模式就是按从宏观到微观的顺序来理解文章。运用这种模式的学生先是从整体上理解文章的主旨和背景知识等较高语言层面的知识，然后带着理解的成果去把握词汇、句子和段落等较低语言层面的知识。

可想而知，这种阅读模式对于逐词逐句的阅读模式是给予否定的。自上而下的阅读模式更多的是站在一种语篇的角度来理解整个文章。所以，这种阅读模式适合于略读，因为略读要求学生能够快速浏览篇章，抓住中心思想。更何况现在面对一个网络信息时代，信息更新速度快，网络上充满着各种信息，人们需要大量的阅读和获取信息，所以培养快速阅读能力就成为实施素质教育的内在要义。另外，在考试中，如果在阅读上消耗过多的时间，那么就无法有质量地完成其他试题，这就对总的考试成绩有很大的影响。这么看来，阅读速度的培养是当今阅读中的一个重要方面。但是，该模式的弱势也是很明显的。如果学生的英语基础比较差，在使用这种模式的时候会显得力不从心。

（2）自下而上模式

和上面的模式正好相反，自下而上模式是按从微观到宏观的顺序理解文章。也就是说，自下而上模式是先理解词汇、语法等较低的语言层面，然后在此基础上理解语篇的中心思想和作者的情感意图。事实上，自下而上模式对于当前的英语教学改革是有一定阻碍作用的，无法真正提高学生的阅读能力。原因在于，学生在运用这一阅读模式时，只需要关注语言形式方面的信息，而不需要对上下文或者背景知识做出思考或者分析。

（3）交互作用模式

鲁姆哈特（D.Rumelhart）提出的交互作用模式实际上是前两种模式结合后的产物。交互作用模式也叫作图式理论模式。运用这种阅读模式，学生可以更加深刻地理解篇章，更有效地领悟作者的写作意图。更重要的是，这种模式对于学生英语综合技能的提高至关重要。

在现代英语阅读教学中，教师大多倾向于让学生使用这种模式，也就是先运用自上而下的模式从整体上把握篇章，然后再运用自下而上的模式来理解语言知识。

基于这种模式，教师一般采用三段式教学法：阅读前教学法、阅读中教学法、阅读后教学法。

3. 阅读能力

英语阅读能力包含以下三个心理过程，这也是阅读的心理机制。

（1）知觉语言符号

英语阅读的第一个过程就是知觉语言符号，即对句子进行有意义的分割。书面材料的难度、读者的认知结构及理解英语语言的能力都影响着句子分割的速度。

（2）编码语言符号

编码语言符号是英语阅读必不可少的一个环节。在这一环节中，人的大脑将接收的语言符号转变为简单易懂的内部语言并转入短期记忆模式中。

（3）重组信息

对语言符号进行编码解读之后，就进入了第三个阶段，即对信息进行重组。只有对信息进行重组并存入长期记忆，阅读的知识才能真正归读者所有。对于阅读效果而言，记忆效率是十分重要的，如果所阅读的内容没有被记住，那就等于没有阅读。不过，长期记忆虽然容量大，但是速度相对缓慢。存储于短期记忆中的信息需要经过重新编码之后才能进入长期记忆。阅读内容进入长期记忆的过程，需要内部语言的参与，它是思维的核心。内部语言的特征有三个，即无声、简化、思考。长期记忆的对象是思想活动，进入长期记忆的信息是有组织地进行排列的，这样更有利于检索。检索的速度对阅读效率有着关键的影响，这也从侧面体现了记忆的结构性和组织性。

4. 大学英语阅读教学的策略

阅读是一种积极的交际活动，它是学生运用已掌握的语言背景等各方面的知识对语言材料进行处理，并获得信息的过程。有效开展大学英语阅读教学，对培养学生阅读能力和交际能力具有重要意义。这就需要在遵循基本教学原则的基础上采用创新型的教学方法。

（1）"阅读圈"教学法

所谓"阅读圈"，是指一种由学生自主阅读、自主讨论与分享的阅读活动。[1]在阅读圈内，每位学生自愿承担一个角色，负责各项工作，并进行读后反思。阅读圈模式的目的是鼓励学生阅读和思考，其活动效果在很大程度上取决于小组成

---

[1] 刘卉. 大学英语文化教学中阅读圈教学模式的构建与探索 [J]. 教育现代化，2018（45）：236-238.

员在前期是否做好了充分的准备工作。采用"阅读圈"教学法开展阅读教学，对于提高学生的阅读兴趣和教学效果具有重要意义。在大学英语阅读教学中，"阅读圈"教学法的实施步骤主要包括以下几个：

①设计任务。首先教师以某个文化专题为教学内容，明确教学目标，选定学生在课堂以及课外需要阅读的材料，然后设计好相应的需要学生进行讨论和分析的问题，并规划好学生完成这些任务的学习模式。

②布置任务。接下来教师要向学生布置具体任务。教师可以让学生自由组合成"阅读圈"，每个小圈子为6～7人。圈子形成后，教师要让学生清楚地了解详细的学习要求和规则。教师还可以鼓励学生在自己的阅读圈内承担一定的角色，具体角色示例如表4-2-1所示。

表4-2-1 阅读圈各成员的角色分配示例

角　色	具体任务
讨论组织者	主持整个讨论过程，并准备相关问题，供圈内成员讨论
词汇总结者	摘出阅读材料中与文化专题相关的重点词汇和好词好句，引导圈内成员一起学习
总结概括者	对所有阅读材料的文化元素和内容进行总结并与组员分享并总结、评价小组活动的内容和成果
语篇分析者	提炼阅读材料重要的语篇信息并与圈内成员分享
联想者	将所阅读材料与文化专题相对应的中国文化的内容建立联系，结合最新的社会文化发展动态进行批判断性评价
文化研究者	从阅读材料中找到与自己相同、相近者或者不同的文化元素和内容，并引导圈内成员进行比较

③准备任务。在布置完任务之后，教师引导学生进行独立思考，并让学生把需要讨论的问题及自身的思考结果形成文字。此外，由于阅读圈内各成员承担着不同角色，教师应鼓励学生完成各自任务，自由表达自己对文化的不同看法。

④完成任务。在此阶段，阅读圈内的成员依次汇报、分享自己的阅读成果，对所读内容进行信息加工、思维拓展，确定小组汇报的内容，最终形成PPT，在课堂上展示核心成果。这一阶段是学生汇报并自由讨论的阶段，有助于启发学生

的多元思维，深化文化内容的探讨，因此教师要引起足够的重视。而教师作为活动的组织者和指导者，要掌控整个讨论过程，对讨论过程中可能出现的争论不休或偏离主题等问题进行及时解决。

⑤评价任务。在完成任务之后，需要对任务进行评价，教师可以鼓励各个阅读圈进行自评与互评。在互评时，可以根据每个阅读圈展示的阅读成果以及成员讨论表现进行打分。学生互评完成后，教师可以进行总结，对各阅读圈及学生自身的表现进行点评。需要注意的是，教师在点评时要注意尊重学生对文化的不同观点，重点关注学生思想的深度和广度，同时对那些积极参与讨论的学生提出表扬，以此带动全班同学积极参加此类活动。

（2）文化导入法

在阅读教学中导入相应的文化知识，能切实提高学生的阅读水平，还能培养学生文化素养。具体可以采用以下两种方式导入文化知识：

①介绍文化差异，激发学生阅读兴趣。兴趣对于学习而言至关重要，它是激发学生积极学习的内在动力。因此，在大学英语阅读教学中，教师可采用适当的方式方法来激发学生的阅读兴趣和热情，调动学生的积极性，使学生获得文化知识，提高阅读水平。其中，在阅读教学中进行英汉文化差异的介绍和分析，就是培养学生学习兴趣的有效方法。向学生渗透英语文化知识，并比较英汉文化之间的差异，可以激发学生的学习兴趣，还可以丰富学生的文化知识，扩大学生的视野，巩固学生的阅读能力。

②培养学生的文化意识。很多学生认为，自己已经具备一定的词汇和语法知识，也掌握了一定的阅读技巧，阅读和理解某些材料不成问题，不需要掌握什么文化知识，结果是其在阅读某些材料时十分吃力。而这主要是由欠缺文化能力造成的。对此教师应在课堂教学中有意识地培养学生的文化意识。此外，限于课堂时间有限，教师可以充分利用课外时间，向学生推荐一些英语文学作品让学生在课下阅读。通过阅读英语文学作品，学生能切实感受西方文学和文化，从中掌握词汇、习得语法，积累大量素材，养成良好的阅读习惯。

（二）大学英语阅读教学的原则

1. 激活背景知识原则

文化语境知识即所谓的背景知识，是学生在对某一语篇理解的过程中所具备的态度、价值观、对行为方式的期待、达到共同目标的方式等外部世界知识。在英语阅读教学中，背景知识是重要的组成部分，尤其是对母语为汉语的人来说，阅读那些源自汉语文化背景的著作要容易一些，但是阅读那些不同文化背景下的相关著作必然会遇到困境。要想对以英语文化为背景的语篇有深刻的理解，必然需要具备相关的文化语境图式，这样才能使语篇与学生文化背景图式吻合。学生的背景知识会对学生的阅读理解产生影响。其中，背景知识包含学生在阅读语篇过程中所应该具备的全部经历，包括教育经历、生活经历、母语知识、语法知识等。如果教师通过设定目标、预测、讲解一些背景知识，学生的阅读能力就能够大幅度提高。如果学生对所阅读的话题并不清楚，教师就需要建构语境来辅助学生的学习，从而启动整个阅读过程。

具体来说，教师在进行备课时要精心准备教材，弄清弄透英语阅读教学中存在的文化语境空白，对材料进行精心的选择，或者为学生提供某些线索，让学生通过一定的手段和方式处理语篇中涉及的文化背景知识。当然，由于课堂时间是非常有限的，学生不可能解决所有不熟悉文化背景知识的内容，这时候就需要教师来充当建构新文化语境的工具。教师需要了解学生在自主学习中遇到的问题，帮助学生顺利理解所学的知识与材料。

2. 重视一般词汇教学原则

对于英语阅读而言，词汇是必不可少的组成部分，也是顺利进行阅读的基础。作为一名英语教师，应该理解词汇在阅读理解中所扮演的角色。学生理解基础词汇，有助于他们在阅读上下文时猜测出一些低频词汇的含义。根据研究显示，那些经常阅读学术性文章的学生对术语应付的能力要明显强于应付一般词汇的能力。因此，学生如何积累一般的词汇是教师需要关注的问题。在词汇积累教学中，单词网络图是比较好的方式。在英语阅读课堂上，教师可以给出一个核心概念词，然后让学生根据该词进行扩展，从而建构其他与之相关的词汇。需要指出的是，高频词教学在词汇积累中是非常重要的，其有必要渗透在英语听、说、读、写、译教学之中，并在细节层面给予高频词过多的关注，这样才能便于学生顺利完成阅读，并根据这些高频词顺利猜测陌生词的含义。

3. 把握阅读教学关键原则

受我国应试教育的影响，阅读教学与其他教学一样，教师将更多的关注点放在教学检测结果上，而阅读理解中的理解却被忽视。实际上，成功完成阅读的关键就在于完善与监控阅读理解。为了能够让学生学会理解，可以从学生的自我检测入手，并鼓励他们同教师探讨具体的理解策略。例如，教师不应该在学生阅读完一篇文章之后，提问学生关于理解的问题，而是应该为学生示范如何进行理解。全体学生一起阅读，并一起探讨，这样便于每一位学生理解文章的内容。

4. 速度与流畅度结合原则

英语阅读教学存在一个严重的困难就是，虽然学生具备了阅读的能力，但是很难进行流畅的阅读。也就是说，教师将更多的关注点放在学生阅读的准确性上，而忽视了学生阅读的流畅性。这就要求教师在阅读教学中找寻一个平衡点，不仅帮助学生提高阅读的速度，还要再保证学生阅读的流畅性，这是阅读教学培养速度的最终目的。一般来说，学生阅读的过程不应该被词汇识别干扰，而是应该花费更多的时间研读内容及语言背后的文化。要想提升阅读的速度，一个好的办法就是反复进行阅读。学生通过反复的阅读，直到实现速度与理解的结合。

（三）大数据驱动下大学英语阅读教学的方法

将信息技术与大学英语阅读教学相融合，大学生可以利用信息技术搜索与学习自己喜欢的英语知识。但是，这并不意味着学生的网络搜索是漫无目的的，其中依然离不开教师的指导与引导。如果教师对学生的阅读学习不管不问，那么即便信息技术再发达，学生自身的阅读兴趣以及阅读能力也是很难有效提升的。因此，大学英语阅读教学中融入信息技术离不开教师的充分参与。具体而言，教师可以采用以下几种方式：

1. 发挥网络互动优势，激发学生的学习兴趣

教师可以利用信息技术为学生的英语阅读创建一个平台，让学生充分参与其中，利用这一平台来扩展自己的阅读能力。利用信息技术，教师可以为学生准备丰富的阅读资料，实现阅读资源共享。在教学过程中，教师可以依据教材中的内容为学生建立一个网络阅读资料库，将教材中阅读的重点、难点都上传到网络上。同时，为学生补充适当的课外知识，以拓展学生的阅读视野。此外，为了避免学生在阅读学习中出现厌倦情绪，教师还可以在学生阅读的资料中添加一些图片、

视频、漫画、音乐等，在材料的格式、设计上也可以体现自己的特点，让学生爱上英语阅读。

2. 科学合理地选择阅读材料

学生阅读能力的提高离不开大量的练习，换言之，英语阅读是一门技巧训练的课程，需要花费大量的时间进行阅读训练。这就要求教师为学生准备科学的阅读材料。在信息技术的帮助下，教师可以为学生找到一些贴近课堂教学内容的阅读材料。在开始上课之前，教师可以为学生布置一些阅读要点，让学生自己上网搜索浏览，这可以在一定程度上培养大学生的查询以及获取信息的能力。随后，教师将自己所准备的阅读材料发给学生，让学生通过小组的形式阅读与交流，并分享心得。等到课堂教学结束的时候，教师可以安排学生对这次阅读活动进行总结，每一位学生都要写出总结报告，然后教师对学生的报告给予口头评价。

3. 科学地进行评估与分类指导

教师除利用信息技术在课堂上授课之外，还可以利用信息技术对学生的学习成果进行评估。在设计一套合理教学评估方案之前，教师可以利用网络技术搜索与阅读相关的评价理论或内容，进而结合自身所教授的阅读材料中的生词、语法、词汇量、句法等知识来设计评估内容，如此获取的评估结果将可以充分了解学生的阅读水平。同时，教师还可以对学生的评估结果进行线上统计，对学生阅读的时间、阅读的效率也有充分的了解。

4. 实施英语阅读混合式教学

（1）教学内容方面

如何设计有趣、吸引学生注意力的阅读课程？偏离常规的教学内容往往会在学生的心里占据突出位置，给他们留下较为深刻的印象。不少教师通过调查发现，超过 80% 的学生都不满意他们已有的阅读教材内容，很多教师也表示有类似的体会。如果让学生学习了教材文本以外的知识，学生的兴趣度和掌握度都会大大提高。有趣且吸引学生的阅读课程应基于学生所处的环境与生活，或者说，学生所学课程的知识应具有一定的实用性。英语阅读教学中呈现的知识也必须具有其校园价值和生活价值，因此教师有必要为学生创设一些灵活的变式内容，真正做到学生"愿意学、有所学"。

从一定意义上讲，对当前教学内容的优化可通过在线学习平台，在培养学生人文素养的同时，大幅度加入学术和专业英语内容，探索以培养"专业型英语人才"为目标的教学创新改革方案。与专业有关的英语阅读课程既不是单纯的语言课，也不是单纯的专业课，而是一门将语言应用与专业知识紧密结合的课程。专业英语不仅涉及科技英语的一般特征，还涉及一定的专业内容及信息交流，二者相辅相成。专业英语与基础英语的最大不同之处是长句多、专业术语多。因此，教师应围绕专业交流的实际需要，要求学生掌握一定的专业英语词汇、语言特点，培养他们综合运用英语知识和专业知识解决具体问题的能力。

教师根据自己所任教的班级专业，从国内外权威英文报刊选取合适的专业阅读文本，作为课堂教学的延伸和拓展。例如，报刊上经常刊登有关最前沿科技知识的文章，综述和分析基于报刊阅读的学科动态有助于学生了解本学科领域内的专业前沿，拓宽学生的专业视野，同时提高英语学习的兴趣。有学者从以下三个维度剖析了新闻报刊的价值。第一个维度是从报道事件本身来考察新闻的"新"之处，如新闻中所涉及的人物以及他们对人们生活带来的影响。第二个维度是参照新闻工作者对事件所持有的观点，新闻价值被视为某种认知，这种认知可以是新闻工作者的某种态度抑或是他们所参照的某种准则或规范。第三个维度是剖析新闻形成过程中所涉及的各种材料，包括输入材料（新闻稿、其他相关网站、文本、图片视频等）和输出材料（实际的新闻报道等）。

将这三个维度运用到阅读文本的价值衡量中，可做以下尝试：参照第一个维度，专业性的学术报道可让学生了解本专业的学术领军人物；参照第二个维度，可设计诸如评析或质疑报道中某项内容或某个观点之类的任务，要求学生从各个层面对已有的内容或作者的观点进行佐证；参照第三个维度，可让学生进一步搜索报道的相关材料，拓宽信息源，进一步挖掘主题内容。

当然，除了时效性很强的报刊材料，学生课后还可以从海量的在线资源中，随时进行英语阅读学习。例如，对于医学专业的学生，能够在最后撰写学术小论文时学会融入以下方面的知识：什么是医学、医学界的成就、医学基本原则、疾病的因与果、基本医学学科、公共卫生健康、医学界当前存在的问题、医学的未来发展趋势和前景等。

教师在设计具体的阅读教学内容时，可先训练学生的基础词汇解读能力，再逐渐过渡到话语分析、语法形式、体裁分析等较高层面的操练。其中，词汇层面的目标是让学生通过大量的文献阅读收集广泛出现于各个学科的学术性书面文字中、构成较高比例行文文字、在篇章的结构或修辞等方面起重要作用的学术词汇。对教学素材的深度分析，教师可考虑向学生展示专业阅读中的几种主要语言功能：下定义、解释、举例说明、描述、对照等。翻译层面的目标是让学生翻译国外新鲜出炉的与学生专业有关的科普文章或学术报道（以短篇为主），同时要会翻译学术文章的摘要。写作层面的目标是让学生题写本专业领域内的学术文章，并能质疑已读文章中的作者观点。

当前，英语教师仍不可能也无法做到完全脱离教材进行教学。基于教材的通用英语教学，作为当前混合式教学模式下线上教学的主要内容，有必要进行某种程度的改进。教师在制作视频时，不妨以单元文章的语篇分析为切入点，分析教材文本中的语言偏离现象，增强学生对语言的敏感度和兴趣度。在视频制作时，可引入时事热点解析、报刊解读、名人名言的赏析等。

关于在线作业，教师可忽略阅读等应试性强的板块，增加字谜题、闯关题等多样化的作业形式。教师也可以让学生制作有关教材的学习视频，再上传至网络教学平台，通过与同学、教师的互动，创建各种形式的教学内容。

（2）教学平台方面

混合式教学资源与平台建设可有效促进线上与线下学习的融合。随着科技的更新与发展，学习平台的搭建与应用也逐渐呈现多样化。学生对当前的学习管理系统仍有很多的质疑。因此，为保证混合式阅读教学的质量，有必要为学生提供一个多元的混合式学习平台，克服已有学习平台的不足。多元化的混合式学习平台应根据学生的学习进度和特点，实现灵活的同步和异步学习。教师和学生也可自主开发异步学习的方式，如自建在线平台、微信、微博等互动性较强的在线辅助教学手段。

通过自建网络教学平台，可实现"按需选择"的自主学习方式，克服了已有学习管理系统的一些不足和不便之处。针对英语阅读教学中专业英语与文化传授的缺乏而设计出的自主学习系列课件，将采用专业英语素养培养与文化素养培养相结合的方式，做到让不同专业的学生可以各取所需，点击自己喜欢的专业文章进行自主学习，克服了已有教学网络平台未从学生实际需要出发的弊端。

目前，学生在使用已有网络教学平台进行学习时，仍有不少问题，也就是说，学生并未对平台留下深刻印象。创建符合学生需求和特点的平台可增加学生对平台的信任度和使用度。

例如，为开展通识阅读，高职英语专业采用外语教学与研究出版社研发的爱洋葱双语阅读教学服务平台（以下简称平台）开展混合式阅读教学。该平台提供标注难度系数的分级原版阅读资源、中英双语对照，并可根据不同学校的教学需求制定个性化书单。学生可以随时随地通过电脑、iPad 或手机登录平台，各终端进度实时同步，支持书内书签、班级阅读圈互动和书评写作等操作。平台还能实时记录学生的阅读行为，如阅读内容、阅读量、阅读时长、阅读进度和阅读效率等，并对此进行大数据分析和评估，以供教师动态监控和评估之用。目前国内已有多所本科高校使用该平台开展通识阅读教学，高职英语专业亦可根据学生的语言水平推广通识阅读，让《英语阅读》课程回归经典阅读。

使用《中国英语能力等级量表》中的《阅读理解能力自我评价量表》对 109 名高职英语专业大一新生进行前测，并把其高考英语成绩作为辅助参考，结果显示，大多数学生（78%）的阅读自测水平为 4 级，即他们认为自己能"阅读简短的故事、散文或说明文；能读懂旅游见闻中关于事件、人物、地点等信息；能从社会生活相关的简短议论文中分析作者的观点；能利用略读、寻读、跳读等不同的阅读技巧，找出文章中的重要信息"。阅读自测水平为 5 级和 3 级的学生比例分别为 10% 和 12%。根据以上前测结果选取牛津书虫英汉双语读物系列中的四、五、六级读物构成阅读书单，如《小妇人》《理智与情感》《呼啸山庄》《远大前程》《纯真年代》《远离尘嚣》《简·爱》《傲慢与偏见》《雾都孤儿》《名利场》《苔丝》等世界经典名著，其标注难点从高中一、二年级至大学低年级不等。作为世界上著名的经典文学略缩读本，经牛津语言学专家改写后的原著，其词汇和语法难度符合不同英语学习者的特性和能力，且大多数读物为小说体裁，复杂有趣的人物关系、鲜明突出的人物性格、跌宕起伏的故事情节使该系列读物具有很强的可读性和可理解性。由后台工作人员为学生录入每学期的个性化阅读图书，其中必读书 1 本，选读书 5 本，同时开启班级"阅读圈"并根据授课教师的要求设置阅读平台的形成性评价构架。

总之，对教学平台的优化需要混合式教学的教师结合所教课程的具体特点以及学生的学习风格、学习需求等，努力开发简单易操作并能真正提高学生学习的多元化在线学习方式。同时，对于平台使用问题，校方、技术方和教师等应共同努力解决。

二、信息化与大学英语写作教学

（一）大学英语写作教学简述

1. 写作策略与具体技巧

（1）自由写作（free writing）

自由写作就像一个开启思维情感的闸门，是一种思维激发活动（brainstorming）。其主要目的是克服写作的心理压力，激发思维活动和探索主题内容。

①寻找写作范围。在进行自由写作时，要先确定写作范围。将头脑中能想到的内容都写下来，这些内容看似无用，但仔细品读就会发现，这些杂乱甚至毫无联系的句子隐含着自己最为关心的情绪，只是隐藏在思想深处，无法注意到。这样就可以确定一个代表着自己真情实感的写作范围，而且找到最为闪亮的句子或词语，为接下来的写作奠定基础。

②寻找写作的材料。在确定写作范围后，就要寻找写作素材。在特定的范围内开展自由写作，尽管这是有所约束的写作，但还是要放松地进行。在停笔之后，通读所写的文字，分门别类地整理这些写作的材料，提炼出文章的基本线索和层次结构。

③成文。在两次自由写作的基础上，构建真正属于自己的完整的文章。前两个阶段的自由写作实际上是把构思过程通过文字语言给外化了，是对构思过程的一种自由解放，在无束缚中发挥出写作主体的创造性和能动性。

（2）模仿写作

模仿写作是最常用的写作教学方法，采取已有的形式，利用原有的语言材料，学习者可以加上自己的思想进行写作。模仿是学习写作的基本途径，因而看重范文的作用。其结构主要包括仿写、改写、借鉴、博采四个依次递进的层次。

仿写就是按照范文的样子（包括内容）来"依样画葫芦"的训练。主要有仿写范文的点基法和仿写全篇的全基法两种形式。改写是对范文的内容或形式进行某种改动，写出与原作基本一致而又有所不同的新作的训练方式。包括缩写、扩写、续写、变形式改写和变角度改写等几种形式。

借鉴是吸取范文的长处，为我所用，来写出有新意的文章的训练手段。具体方式有貌异心同、词同意不同和意同词不同等三种。博采是博采百家之义，训练学习者从多篇文章中吸取营养，经过一番咀嚼、消化，然后集中地倾吐出来，写成自己的文章。这样，就已完成了从模仿到创造的过渡任务。

（3）单项作文

这就是我们通常所说的小作文，主要是针对学生在写作过程中出现的具体环节进行局部或片段训练。比如，学生的作文普遍存在命题随意或题目不新颖的问题，因此教师就可以进行"让作文题目亮起来"的专门针对题目的训练；比如，学生的作文中只是叙述，缺少生动的描写和有深度的议论性语句，教师就可以进行表达方式的综合运用的训练，让学生将叙述、描写抒情、议论放在一起做综合训练，或者直接针对作文的立意、命题进行训练，对于提高学生作文中的文采进行训练等。这种训练针对性强，一次作文解决一个问题，目的明确、篇幅短小、易操作、见效快。

（4）记叙文写作

记叙文是写人、叙事、状物的文章。记叙文包括通讯、特写游记、回忆录等。在课本中，记叙文所占的比重很大，作文选择记叙文的也很多，因此教师需要做好记叙文的写作教学设计。

一般来说，以叙事为主的记叙文以现实生活中发生的、真实的、有一定意义的具体事件为叙写对象。从理论上讲，可以是社会生活的事件，也可以是日常生活的事件，还可以是自然界的事件。有人把记叙文的表现对象，局限于社会生活的典型事件是不太恰当的。诚然，社会生活的典型事件有其优越性。首先是典型性，并因其典型性而有普泛意义，这样就赋予了"事件"的现实意义；其次是社会性，并因其社会性而受到人们的热切关注，这样就赋予了"事件"的社会价值。教师在设计记叙文写作教学时要体现教学大纲的要求，要把握记叙文的特点，要考虑到学习者的实际水平和接受能力。教学设计，形式应该是多样的，可以是常规型的，也可以是探索型的；可以简约，也可以详尽。总之，要用实用价值，要体现教学改革的精神。例如：教师让学习者以"今天中午"为题叙述自己的所见所闻，学生在叙述的过程中可能会提到许多画面，教师就要引导学生将他们在不同画面中的听觉、视觉、感觉表达出来，同时引导他们掌握叙述的节奏，如慢节奏的温馨早餐、快节奏的运动活动等。

（5）议论文写作

议论文写作要求作者通过摆事实、讲道理，直接表达自己的观点和主张。作者对客观事物进行分析、评论，以表明见解、主张态度，通常由论点、论据、论证三部分构成。议论文写作教学虽然比不上记叙文写作教学，但也是语言教学的一个组成部分。因此，做好议论文写作教学设计十分有必要。

一般来说，议论文写作教学设计教师要做好启发。学生生活在一定的社会环境中，每天都要接触许多人，遇到许多事，听到许多议论，有令人满意的，也有不尽如人意或令人气愤的。同时，他们平时可能获得某些成功，也可能遇到某些困难或失败，这些都会使他们产生种种感受和看法，教师就需要学会启发他们思考。例如，用一些值得议论的典型事例或现象让他们思考，并将自己的思考用文字的形式表达出来，最后写成文章。

考虑到议论文中，学生表达观点需要一定的论据支持，教师也要在教学设计中引导学生找到论点和论据。由于学生的身心发展还不成熟，因此议论水平不会太高。

（6）说明文写作

说明文是以说明某种事物或某种过程为写作目的的一种写作形式。要写好说明文首先要对被说明的对象有充分的认识和了解，分析、比较这一事物和另一事物之间的不同点，把握事物的特点，然后紧紧抓住这一特点加以说明，只有这样，才能把事物描述得明白清楚。例如，《我们的学校》就要写出我们的学校与其他学校的不同之处，切忌泛泛而谈。教师在设计说明文写作教学时，应注意告知学生说明文是带给人以知识的。所以学生必须对所要描述的内容有所了解，这也是合理安排顺序的前提。如果对泰山没有比较丰富的了解，自己也没有认真游览过，即使掌握了关于空间顺序或者时间顺序的技巧，也不可能带给人以真正的知识。阐释事理亦然，如对事物本身的逻辑关系若明若暗，也无从安排逻辑顺序了。

此外，说明文和记叙文、议论文都有条理性即顺序安排问题。记叙文中的时间顺序安排应用极其广泛，写说明文时可有目的、有选择地进行借鉴。另外，记叙文中涉及写景和游记类文字中经常有关于方位安排的技巧，这也可以在说明文中运用。议论文以说理为主，根据事物之间的逻辑关系进行判断推理，和事理说明文中逻辑顺序的安排有相通之处。

2. 大学英语写作教学的策略

（1）对比教学法

英汉语言与文化在很多方面都存在差异，这些差异严重影响学生的写作。学生要想写出用词地道、语句流畅、逻辑连贯的文章，必须熟悉掌握英汉语言与文化之间的差异，教师要引导学生深入了解这些差别，进行对比教学。

①语句层面的对比。在教学过程中，教师应指出学生写作中不符合英语表达习惯的语句，并可注明地道的英语表达方式加以对比，使学生更清楚地看到差别，并在不断修改过程中逐渐学会用英语进行思考与表达。

②语篇层面的对比。语篇是语言的使用，是更为广泛的社会实践。教师应引导学生了解并思考英语文章是如何发展主题组织段落、实现连贯的，以此来帮助学生对英语的语篇结构有一个立体的、综合的认识。

（2）综合教学法

综合教学法是指将写与听、说、读几项基本英语技能相结合，使之相互作用，以提升学生的写作能力和培养学生的英语综合能力。

①听、写结合。听是语言输入性技能，可以为写作积累丰富的素材，加快写作的输出。具体来说，教师可以采用边听边写和听后笔述或复述的方式开展教学。

边听边写可以是教师朗读，学生记录；也可以是播放录音，学生记录。听写的内容可以是课文内容，也可以是其他故事或内容。听后笔述或复述是指教师以较慢的语速朗读或者录音播放听写材料，一般朗读或播放两至三遍，在这一过程中学生只听不写，在朗读或播放录音完毕后，教师要求学生凭借记忆进行笔述或复述。在笔述或复述时，学生不必拘泥于原文的词句，也不用全部写出或背诵出，只要总结出大意即可。这种方式能有效锻炼学生的语言组织和概括能力。

②说、写结合。说与写密切相关，说是写的基础，写与说相互贯通。说中带写，可以有效激发学生的写作兴趣，提高学生的写作能力，还能锻炼学生的口语表达

能力。具体而言，教师可以采用改写对话和课堂讨论的方式开展教学。

③读、写结合。读与写的关系十分密切，通过阅读可以获取大量写作所需的素材，通过写作可以进一步巩固阅读能力。写作作为一种输出活动，是离不开语言知识的输入的，如果没有语言知识的积累，就不可能写出内容充实的文章。而阅读作为积累语言知识的重要途径，将能为写作奠定良好的基础。但学生的阅读需要教师的指导，因为很多学生都将理解文章内容作为阅读目的，而很少从中吸取有利的写作素材。对此，教师应引导学生体会作者遣词造句的技巧，并培养学生养成记笔记的良好习惯，从而使学生积累大量的利于写作的语言知识。通过阅读，学生的阅读能力不仅会得到锻炼，写作水平也会显著提高。

总体而言，在大学英语教学中，要重视英语基础知识和技能的教学，并不断进行创新，从而提高教学的质量，培养学生的英语综合能力。

（二）大学英语写作教学的原则

1. 以学生为主体原则

为了解决学生地位偏差的问题，在大学英语写作教学中，教师应遵循以学生为主体原则，即明确学生的主体地位，尊重学生的主体性，围绕学生展开教学。只有激发了学生的兴趣，提高了学生的主动性，才能使学生成为学习的主体。总体而言，就是引导学生积极参与教学活动，发挥学习的自主性，使学生积极自主学习，提高学生的写作能力。

2. 循序渐进原则

任何一件事情的顺利完成都是需要花费时间的，都是一个循序渐进的过程，大学英语写作教学也不例外。在英语写作教学中，循序渐进原则主要涉及以下几个方面：

（1）语言层面：由低到高

在语言层面，教师可以先让学生进行句子写作方面的练习，然后逐步过渡到段落与篇章的写作。由于课堂教学时间有限，教师可以将对句子的写作训练穿插在其他技能课中，如精读和听说课。此外，教师可以设置组织各种训练活动，如连词组句、补全句子、合并句子、扩充句子等，学生对句子写作逐步熟练后，教师就可以增加难度，过渡到篇章写作。

（2）语法结构层面：由易到难

在写作过程中，很多学生都因语法欠佳而无法使用稍微复杂一点的表达，这样势必会影响输出效果，写作质量也不会太高。因此，学生一定要重视语法学习，掌握基础的语法结构，在此基础上掌握更为复杂的语法结构。具体来说，在写作学习中，学生要先掌握简单句，然后掌握复杂句和并列句；先掌握短句，然后掌握长句；先掌握陈述句，然后掌握虚拟句和感叹句。[①]对教师来说，也要坚持循序渐进原则，在语法结构上由易到难，帮助学生巩固基础，进而攻克薄弱环节。

（3）话题层面：由熟到生

学生对于自己熟悉的话题往往更有写作兴趣，写起来也相对容易。因此，教师在写作训练中，可以先从学生熟悉又感兴趣的话题开始，等学生掌握一定的写作技巧后，可以让学生就一些社会热点问题等表达自己的观点，锻炼学生的写作水平。

（4）体裁层面：由简到繁

对学生来说，不同文体其难易程度各不相同。一般来说，记叙文的写作难度较低，其次是描写文，再次是说明文，议论文的写作难度最大。因此，在写作体裁方面学生应从记叙文的写作训练开始，逐步向其他文体过渡。

3.交际性原则

写作是一种重要的交际方式，其最终目的也是交际，因此，大学英语写作教学应遵循交际性原则。具体而言，遵循交际性原则要求教师做到以下三点：首先，教学活动满足学生的即时需求提高学生的交际能力。其次，写作教学活动要为学生提供写作交际的机会，使学生从中获得乐趣。最后，在修改活动中采用小组或同伴活动，加强学生之间的交流，让学生通过交流活动获得素材，从而为文章增添内容，锻炼学生的思维。

（三）大数据驱动下大学英语写作教学的方法

利用当前的信息技术，教师可以充分激发学生学习写作的欲望，让学生积极掌握写作技能，规范自己的写作语言，进而提升自身的写作能力。可见，信息技

---

① 黄元龙.浅议高职英语写作教学的循序渐进原则[J].开封教育学院学报，2017（2）：152-153.

术是当前大学英语写作教学的重要拓展手段。下面就针对大学英语写作教学融合信息技术的路径展开分析：

1. 倡导学生运用信息技术支持英文写作

教师利用信息技术进行英语写作教学可以打破时空限制，实现写作资源的合理共享，并且充分补充英语教学资源。教师在英语写作教学中融合信息技术，可以让学生在网上搜索相关写作内容，并且对所搜索的内容进行整理与分析，把得出的结论最终应用到自己的写作内容中，顺利完成写作任务。

现代高校大学生都熟悉网络，每天都利用手机上网，对此，教师可以利用网络资源为学生增加写作的机会，充分激发学生对英语写作的兴趣，并在学生进行写作的过程中给予适当指导，形成一种和谐、融洽的交流氛围。

2. 利用计算机文字处理程序辅助大学英语写作

当前，随着计算机技术的快速发展，人们可以利用计算机完成很多工作。在写作练习的过程中，学生也可以利用计算机快捷、方便的特点来完成写作任务。很多计算机中都带有对写作中的标点、大写、小写、拼写等进行检测的功能，那么学生就可以利用这些工具来检测自己所完成作文中的错误并进行改正。

其中，拼写、语法功能可以有效减少学生作文中的拼写、语法错误，编辑功能还可以帮助学生完善段落之间的连接、组织、转移等要求。学生还可以利用添加、剪切、复制等来修改自己的作文。此外，很多计算机还带有词典，学生可以利用这一功能迅速找到自己想要使用的词，或者检查自己所使用词语的正确与否。计算机文字处理程序的功能在一定程度上减少写作的重复劳动，省下了很多时间，使学生能够花费更多精力在写作上，增强了他们对写作的兴趣和积极性。

第三节　信息化与大学英语翻译及文化教学

随着全球文化一体化进程的加快，跨文化教育在大学英语教学中日益引起重视。显然，学习英语这门语言离不开对该语言背后文化知识的学习。大学英语教师在教学中应重视引导大学生对西方文化知识的学习与掌握。另外，翻译是一项综合技能，依赖于学习者较高的语言、文化素养。本节主要研究大数据驱动下的大学英语翻译技能与文化技能教学。

一、信息化与大学英语翻译教学

（一）大学英语翻译教学简述

1. 翻译的界定

翻译的概念是翻译理论的基础与原点。翻译理论的很多流派都对翻译的概念进行过界定。人们的翻译活动已经有了2000多年的历史，且对翻译概念的认知也在不断发生变化。学者威尔斯说：一部翻译史事实上就是对"翻译这个词的多义性进行的论战。"[1]从威尔斯的论述中可知，对翻译的理解需要从多个层面进行考量。

（1）感悟式—语文学式—文艺式—通论式

人们对翻译最初的认识是感悟式的，主要是通过隐喻或者比喻的方式来进行表达。著名学者谭载喜通过对大量关于翻译的比喻说法进行总结，认为翻译主要是由作为行为或过程的翻译本身、作为结果的译文、作为主体的译者构成。从作为行为与过程的翻译本身来说，很多形象说法都对翻译的特点、性质等进行论述。

语文学式是对翻译的进一步认识，在这一层面上，人们往往通过一些简单的话语表达对翻译的看法，这些看法虽然不成系统，却存在着一定的道理，甚至有些对后世的翻译研究有着深远影响，如严复的"信达雅"，至今仍被视为翻译工作的一大重要标准。

翻译可以被视作一种对问题进行解决的活动，因为源语中的某一元素可以采用目的语中的某个元素或者某几个元素来处理。之后由于翻译活动多为文学作品的翻译，对于翻译概念的探究主要是从文学层面展开的，所以是文艺式的研究。这类研究强调文学作品的审美特征，并将文学翻译的本质特征揭示出来。文艺式的翻译主要是针对文学这一语体来说的，将那些非文学翻译活动排除在外，所以缺乏概括力。

---

[1] 威尔斯. 翻译学——问题与方法 [M]. 北京：中国对外翻译出版社，1988.

进入20世纪中期，人们认识到无论是文学翻译还是非文学翻译，语言的转换是必须的，因此从语言学角度对翻译进行界定是最具有概括力的，能够将不同的翻译类型揭示出来，也开启了现代意义上的翻译研究，从传统对翻译的界定转向翻译的通论研究，从传统对文学翻译的研究转入翻译专论研究，这就是通论式阶段。从整体上说，通论式翻译研究对于翻译的普适性是非常注重的，因此其概念也更为大众化。

（2）从语言维度到语言—文化维度

从普通意义上对翻译内涵的论述有很多，但观点并不统一。通论式翻译概念的确立是从语言学角度来说的，并随着语言学研究的深入而不断完善与发展。

通论式翻译的概念对人们从宏观角度认识翻译有着巨大的帮助。但是，仅仅对语言角度进行强调也并不全面，也很难将翻译的概念完全地揭示出来，翻译的概念还应该涉及文化部分。

许钧指出："从语言学角度对翻译进行界定是将翻译活动限于语言转换层面，这样会容易遮盖翻译所囊括的广义内涵，且容易忽视语际翻译的全过程及翻译中所承载的文化。"[1]

科米萨罗夫（Komissarov）就指出："翻译过程不是仅仅将一种语言替换成另外一种语言，其是不同个性、文化、思维等的碰撞。"[2] 同时，科米萨罗夫还专门对翻译学中的社会学、文化学问题进行了研究。即便如此，他们下的定义还未能明确文化这一维度。俄罗斯学者什维策尔认为翻译中应该将两种语言、两种文化、两种情境体现出来，并分析出二者的差别。在他看来，翻译可以进行以下界定：

①翻译是一个单向的，由两个阶段构成的跨语言、跨文化过程，在这一过程中，往往需要对源语文本进行有目的的分析，然后创作出译语文本，对源语文本进行替代。

②翻译是一个对源语文本交际效果进行传达的过程，其目的由于两种语言、文化、交际情境的差异性而逐渐改变。

很明显，什维策尔的定义包含了文化因素，并指出翻译是跨文化交际的过程，强调译本语境是另一种语言文化环境。

---

[1] 许钧．翻译概论[M]．北京：外语教学与研究出版社，2009．
[2] 杨仕章．翻译界说新探[J]．外语教学，2015（6）：101．

我国学者许钧认为翻译具有五大特征，即符号转换性、社会性、创造性、文化性、历史性。同时，他基于这五大特征，将翻译定义为"以符号转换作为手段，以意义再生作为任务的一项跨文化交际活动"。

显然，当前的翻译已经从语言维度逐渐过渡到语言—文化维度。

（3）翻译的传播形式：单向跨文化传播

在翻译的定义中将翻译的文化性体现出来，可谓一个很大的进步。但是，在将文化性体现出来的同时，很多学者习惯运用"跨文化交流"或"跨文化交际"这样的说法。

翻译属于跨文化交际活动，但这大多是从历史角度对不同民族间的翻译活动历史成效进行的定性表述。

普罗瑟认为，跨文化交流活动需要的是双向互动，但是跨文化传播则需要的是单向互动。由于具体的翻译活动往往呈现的是单向过程，因此决定了翻译活动应该是一种传播活动。所以如果确切地对翻译进行界定的话，可以将翻译定义为"一种跨文化传播活动"。

如果翻译的语言特征体现为不同语言之间的转换，那么翻译的文化特征体现的则是文化移植。当然，这种移植可以是引入，也可以是移出，由于源语文化与译语文化并不是对称的，同一个文化因素在引入与移出的过程中不可避免地会遇到不同的翻译策略。这样说明，无论是从语言转换的角度，还是从文化移植的角度，翻译都是单向性的。

（4）翻译的任务：源语文本的再现

在翻译的定义中经常会出现"意义"一词，其主要包含翻译的客体，即"翻译是什么？"应该说，"意义"相比费奥多罗夫的"所表达出的东西"，更具有术语性，用其解答什么是翻译的问题是翻译学界的一大进步。但是也不得不说，有时候运用"意义"对翻译进行界定会引起某些偏差，因为很多人在理解意义时往往会受到结构主义语言学的影响，认为语言是有着固定的、明确的意义的。但就实际情况来说，语言的意义非常复杂。

著名语言学家利奇（Leech）指出意义具有七大类型，同时指出："我不希望给人留下这样的印象，即这些就是所有意义的类型，能够将所传递的一切意义都表达出来。"①利奇还使用"sense"来表达狭义层面的意义,而对于包含七大意义在内的广义层面的意义,利奇将这些意义称为"交际价值",其对于人们认知翻译十分重要。换句话说,源语文本中的这种广义层面的意义实际上指代的都是不同的价值,将这些价值结合起来就是所谓的总体价值。

很多学者指出,如果不将原作的细节考虑进去,就无法谈论原作的整体层面。但是需要指出的是,原作的整体不是细节的简单叠加,因此,从整体上对原作进行考量并分析翻译的概念是十分必要的。

王宏印在对翻译进行界定时指出,"翻译的客体是文本",并指出,"文本是语言活动的完整作品,其是稳定、独立的客观实体"②。但是,原作文本作为一个整体如何成为译本呢?作者认为美学中的"再现"恰好能解释这一过程。

在美学中,再现是对模仿的一种超越。在模仿说中,艺术家的地位是不值得提出来的,他们的角色如镜子一样,仅仅是对现实的一种被动记录,自己却没有得到任何东西。换句话说,在模仿说中,艺术品、艺术表现力是不值得提出来的,因为最终要对艺术品进行评论,都是看其与真实物是否相像。实际上,模仿说并未真实地反映出艺术创作的情况,很多人认为模仿的过程是被动的,但是在这种看似被动的情况下,也包含了很多表现行为与艺术创造力,其中就包括艺术家的个人体验与个人风格。同样,即便是那些不涉及艺术性的信息类文本,其翻译活动也不是模仿,而是译者进行的创造过程,对于那些富含艺术性的文本,模仿说更是无稽之谈了。最终模仿必然会被再现替代。

用"再现"这一术语对翻译概念进行说明,可以明确地展现翻译的创造性,可以将译作的非依附性清楚地表现出来。因为再现与被再现事物本身并不等同,而是一个创造性的艺术表现形式,同时再现可以实现译作替代原作的功能.

2. 翻译教学的内涵

翻译理论与实践相结合构成的一个重要领域就是翻译教学在研究翻译的过程中,是一个不可忽视的内容。要想提高翻译教学的水平,必须对翻译教学展开深入探究。对翻译教学实践发展起着决定性作用的就是对翻译教学理论的探究。因

---

① 利奇. 语义学 [M]. 上海:上海外语教育出版社,1987.
② 王宏印. 英汉翻译综合教程 [M]. 大连:辽宁师范大学出版社,2002.

此，随着社会对翻译人才需求的大幅度增加，对于翻译教学的相关探究就显得极为重要。

但是，目前学界对翻译教学的内涵仍然存在较大争议。学者们对于翻译教学的范畴及翻译教学与教学翻译的区别并未达成共识。学校翻译仅为一种教学方法。翻译教学追求的目标与学校翻译目的不同，翻译教学不是为了掌握语言结构与丰富语言知识，也不是为了提高外语的水平。纯正的翻译目的是要翻译出自身的成果，而教学翻译的目的只是考核学校外语学习的成果。在之后的研究中，教学翻译被看成外语教学过程中的一种手段，是传统的语法——翻译教学中为辅助外语教学而开展的练习，目的是帮助学生认识外语与汉语在词汇、语法上的对应关系，提高语言水平与运用能力，练习材料以词句为单位。翻译教学则是以提高翻译能力为目标，更注重传授翻译知识、理念与技能，培养学生从事职业翻译的能力。

在之后的十几年中，穆雷对教学翻译与翻译教学的这种区分得到了我国学术界的广泛认同，并且引发了一系列相关的讨论，然而这种区分方式在某种程度上贬低了教学翻译，还束缚了翻译教学的多样性与创造性的发展。

近些年的研究有了一些新的突破。罗选民认为，学者对教学翻译与翻译教学的阐述有利于对概念的澄清，但翻译教学的概念要重新界定。翻译教学是由大学翻译教学与专业翻译教学组成的，并把原来公认的教学翻译也纳入了翻译教学的范畴，其扩大了翻译教学的范围。

但是在这种界定中，对两者范畴的划分不够清晰，难以适应当前翻译教学发展的多元化趋势。

在当前的大学外语教学中，为了满足学生毕业后进入外企应具备的翻译能力或者想考取翻译证书的需求，很多高校开设了应用提高阶段的选修课，以适应形势的发展。

选修课要求学生必须通过全国大学英语四级考试并且对翻译具有浓厚的兴趣，在学时、内容上与英语专业的翻译教学有一定的相似性，培养目标是让学生在一年的时间里基本掌握必要的翻译技巧，了解翻译理论的框架性知识，具备初步的涉外翻译能力。当然，受学生的基础、接受能力、课后训练时间及自己教师操作能力等的限制，教学效果仍然有较大的提升空间，其科学性与可行性有待论证。

3.翻译教学的理念

（1）将翻译理论作为先导

翻译教学离不开翻译理论的指导，翻译教学的一个重要理念就是将翻译理论作为先导。目前，已经形成的翻译流派和内容繁多，如果将所有观点及相关内容都融入翻译理论中，不但会令读者感到空洞，而且缺乏科学性。不少翻译理论是源自宗教和哲学领域的，既相对传统，也缺乏实用性。有调查显示，多数翻译理论仅适用于占每年翻译工作大概4%的文学翻译，而超过90%的实用翻译理论却很少提到。翻译理论与实践的失衡说明这些翻译理论不切合实际。

相对来说，较为实用的翻译理论是翻译功能目的论。该理论强调，译本的预期目的与功能决定着翻译的过程。实用文体翻译通常具有现实的甚至功利的目的。这一目的在很大程度上受翻译委托人、译本接受者及其文化背景和情境的制约。目的和功能是实用文体翻译的重要依据，而功能目的论的理论核心就是目的和功能。因此，翻译的理论与实践有可能得到较好的结合。实际上，翻译课程的开设主要是为了培养学生英语语言运用的能力，而通过实践，可以看出学生选择这门课程更多的是为了在考试中获得高分或为了工作。因此，将翻译的功能目的论作为翻译的理论依据，用于指导学生的翻译课程，更利于调动学生学习的积极性和创造性。

（2）将语言对比作为翻译的基础

翻译教学应该从语言对比入手。对于我国的大学生来说，一旦脱离了说英语的环境，我们总会本能地说汉语，特别体现在初学者身上。但是，如果我们积累了一定数量的词汇，就会很乐于说英语，在此过程中就会对英汉语言进行对比，如不会翻译某些短语，就会用汉语思维进行翻译。

英汉语言有不同之处也有相同之处。英汉语言的不同之处体现在很多方面，如词序的不同、信息中心位置的不同、连接方式的不同等；英汉语言也有很多相同之处，如均有介词，其用法有时也相同。需要指出的是，汉语介词多数是从动词演化而来的，甚至一些词到现在还无法确定它是属于动词还是属于介词。而英语中的动词和介词截然不同。基于此，英语介词在汉语中一般要用动词来翻译。

（3）将翻译技巧作为翻译的主干

学生要进行翻译需要采用一定的翻译技巧，所以翻译教学应该将翻译技巧作为重点。目前，翻译课的内容主要来自前人总结的宝贵经验，这些经验主要涉及理解和表达两个方面，具体反映在翻译的方法与技巧上。比如，因为英汉词语的搭配方式不同，所以学生在翻译时应适时调整搭配或增减文字。

（4）将综合分析作为翻译的重要手段

学生要翻译某个句子，通常可以采用多种方法。但是，在这些方法中，仅有一两个是最佳的，一般将其中的综合分析作为翻译的重要手段。

综合分析的翻译手段是指从总体及其系统要素关系上，连点成线，集线成面，集面成体，并且对各个层面上进行动态或静态的分析观察，透过现象观察事物的本来面目。在表达过程中，同样涉及分析与综合两个方面，分析是手段，综合是目的。

在翻译教学中，教师要遵循以实践为主、以学生为主的原则。翻译教学具体涉及讲解、范文赏析、译文对比、练习和练习讲评五个环节。

①讲解。这一环节的主要任务是以英汉语言对比为基础分析译例，提示技巧，将学生对翻译的感性认识上升至理性认识上。

②范文赏析。教师应为学生选择一些语言优美且又平易近人的名人名译，既可以欣赏，又可以借鉴临摹。

③译文对比。教师应该为学生提供同一原文的两三种不同的译文，这样学生可以进行比较和仔细揣摩。需要指出的是，学生在比较时一方面要看译文的优劣，另一方面要看译德译风。译文对比要做到择优而从，见劣而弃。

④练习。练习活动是翻译教学的重要环节，具体涉及课前复习、课内提问及课后作业。

⑤练习讲评。练习讲评主要针对的是两种语言特点的对比和分析，从翻译思维中的一些具体障碍着手，不必过分纠结细枝末节。

4.大学英语翻译教学的策略

（1）扩大学生知识面

翻译是一项包含多领域的活动，如果对翻译的基础知识不了解，就很难明白文本的内容，也很难准确展开翻译。因此，在英语翻译教学中，应该渗透文化知识，扩大学生的知识面，培养学生对文化知识的理解能力与把握能力，帮助他们形成翻译能力。

（2）提高学生语言功底

翻译活动是一项复杂的活动，其需要学生具备双语知识。也就是说，英汉语言功底对于翻译人员都不可缺少。因此，在翻译教学中，教师不仅要教授学生英语语言知识，还需要培养学生的汉语表达能力，熟悉英汉语言国家的表达习惯，提升翻译质量。

（3）注重文化对比分析

由于教学环境的影响，英语文化的渗透还需要依赖翻译教学，其中文化对比分析是一种比较重要的方式。具体来说，在翻译教学中，教师不仅要讲解教材中的文化背景知识，还需要对文章中的中西文化进行对比和拓展，帮助学生在翻译内容时接受文化知识。另外，利用文化对比分析，学生能够建构完整的文化体系。

（4）重视归化与异化结合

在翻译策略选择上，归化策略与异化策略是两种重要的翻译策略。由于英汉语言的差异，翻译实践中如果仅仅依靠一种策略是很难完成全部翻译内容的，只有将二者结合起来，并进行灵活的处理，这样才能保证翻译的文章更为完美。

（5）媒体教学与课外活动相结合

为帮助学生更好地展开翻译，教师应该鼓励学生多学习一些英美原版作品，如教师可以引导学生多观看一些英美原版电影，从电影字幕出发教授学生翻译的技巧。另外，教师应该让学生在课外多收集一些生活风俗、文化背景方面的资料，在阅读与翻译的过程中，学到更多的知识，从而为以后的翻译做铺垫。

（二）大学英语翻译教学的原则

1. 循序渐进原则

翻译能力的提高不可能一蹴而就，需要经历一个过程。相应地，翻译教学也不能操之过急，应遵循由浅入深、循序渐进的规律，所选的语篇练习也应该是先

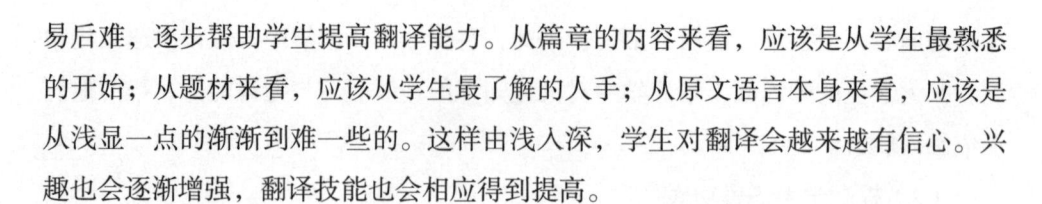

易后难，逐步帮助学生提高翻译能力。从篇章的内容来看，应该是从学生最熟悉的开始；从题材来看，应该从学生最了解的入手；从原文语言本身来看，应该是从浅显一点的渐渐到难一些的。这样由浅入深，学生对翻译会越来越有信心。兴趣也会逐渐增强，翻译技能也会相应得到提高。

2. 精讲多练原则

精讲多练原则主要包含两个层面：精讲和多练。翻译教学如果仅仅先教授后练习，那么是很难塑造好的翻译人才的。因此，在翻译教学中，教师应该不仅要进行教授，还需要加入练习，在课堂上将二者完美结合。

3. 实践性原则

想要培养出好的翻译人才，还需要让其进行翻译练习，这就是翻译的实践性原则。在翻译教学中，教师应该为学生创造更多的机会开展练习。例如，教师可以让学生去翻译公司实习，通过实际活动来进行体验。

（三）大数据驱动下大学英语翻译教学的方法

在翻译教学中，教师可以利用与教材配套的多媒体光盘辅助教学，不过，由于各个学校的多媒体设备资源配置不同，而且教材所配套的光盘往往在内容上缺乏系统性，所以教师需要酌情使用。最好的方法就是教师可以根据教材内容自己动手制作课件，然后利用多媒体播放。多媒体课件的制作过程相对烦琐，需要依据具体的教学过程、教学内容、教学目标、教学媒体等，只有将这众多条件融合在一起并体现互动性原则，才能制作出优良的多媒体课件。当然，这样的课件对于学生翻译能力的提升也是大有裨益的，可以促进不同层次的学生的翻译能力得到不同程度的提升。

为此，在进行翻译教学活动之前，教师可以利用声音、图片、动画等教学辅助手段来刺激学生的学习兴趣，使学生在学习过程中始终保持较好的兴趣，把枯燥的翻译理论变得生动、有趣。在具体的教学过程中，教师不仅要教授学生英汉互译的技巧，还需要补充中西方文化背景知识，让学生对翻译理论形成一定的系统。虽然教师在翻译教学过程中所使用的教学模式相对陈旧，但在内容与形式上与传统的翻译教学已经大不相同。这种不同主要体现在以下两方面：在形式上不再是单调的板书形式，而是以媒体形式呈现节约了大量时间；内容上是针对不同层次的学生展开的，在课堂上由教师指导和学生自主选择，这有利于改善课堂教学的氛围。

二、信息化与大学英语文化教学

（一）大学英语文化教学简述

1. 文化知识介绍

总体上说，文化会涉及人与社会的关系、人的存在方式等层面。但是，其也包含一些具体的内容。

（1）文化的定义

文化和对于普通人的关系，就像水与鱼的关系，文化是一种人们平时都可以使用到、却不知道的客观存在。对于研究者来说，文化是一种容易被感知，却不容易把握的概念。

对于文化的定义，最早可以追溯到学者爱德华·伯内特·泰勒（Edward Burnett Tylor，1832—1971），他认为文化或者文明是从广泛的民族学意义来说的，可以归结为一个复合整体，其中包含艺术、知识、法律、习俗等，还包括一个社会成员所习得的一切习惯或能力。之后，西方学者对文化的界定都是基于这一定义而来的。

1963年，人类学家艾尔弗雷德·克洛伊伯（Alfred Kroeber）对一些学者关于文化的定义进行总结与整理，提出了一个较为全面的定义。

①文化是由内隐与外显行为模式组成的。

②文化的核心是传统的概念与这些概念所承载的价值观。

③文化表现了人类群体的显著成就。

④文化体系不仅是行为的产物，还决定了进一步的行为。这一定义确定了文化符号的传播手段，并着重强调文化不仅是人类行为的产物，还对人类行为的因素起着决定性作用。同时其还明确了文化作为价值观的巨大意义，是对泰勒定义的延伸与拓展。

作者认为，文化的定义可以等同于2001年联合国教科文组织发表的《世界文化多样性宣言》中的定义：文化是某个社会、社会群体特有的，集物质、精神、情感等于一体的综合，其不仅涉及文学、艺术，还涉及生活准则、生活方式、传统、价值观等。

进入20世纪90年代之后，很多学者也对文化进行了界定，这里归结为两种：一种是社会结构层面上的文化，指一个社会中起着普遍、长期意义的行为模式与准则；一种是个体行为层面上的文化，指的是对个人习得产生影响的规则。

这些定义都表明：文化不仅反映的是社会存在，而且其本身就是一种行为、价值观、社会方式等的解释与整合，是人与自然、社会、自身关系的呈现。

（2）文化的分类

①交际文化与知识文化。文化和交际总是被放到一起来讨论，文化在交际中有着无可替代的地位，并对交际的影响最大，因此，有学者将文化分为交际文化和知识文化。

那些对跨文化交际直接起作用的文化信息就是交际文化；而那些对跨文化交际没有直接起作用的文化就是知识文化，包括文化实物、艺术品、文物古迹等物质形式的文化。

学者们常常将关注点放在交际文化上，而对知识文化进行的研究较少。交际文化又分为外显交际文化和内隐交际文化。外显交际文化主要是关于衣食住行的文化，是表现出来的；内隐交际文化是关于思维和价值观的文化，不易被察觉。

②物质文化、制度文化与精神文化。这是采用三分法进行分类的。

人从出生开始就离不开物质的支撑，物质是满足人类基本生存需要的必需品。物质文化就是人类在社会实践中创造的有关文化的物质产品。物质文化是用来满足人类的生存需要的，只是为了让人类更好地在当前的环境中生存下去，是文化的基础部分。会在生存的环境中通过合作和竞争来建立一个社会组织。人类创建制度归根到底还是为自己服务的，但同时对自己有所约束。一个社会必然有着与社会性质相适应的制度，制度包含着各种规则、法律等，制度文化就是与此相关的文化。

人有大脑，会思考，有意识。精神文化就是有关意识的文化，是一种无形的东西，构成了文化的精神内核。精神文化是人类在认识世界和改造世界的过程中挖掘出的一套思想理论，包括价值观、文学、哲学、道德、伦理、习俗、艺术、宗教信仰等，因此也被称为观念文化。

（3）文化的特征

①主体性。文化是客体的主体化，是主体发挥创造性的外化表现。文化具有主体性的特征主要源于人的主体性。人的主体性是人作为活动主体、实践主体等的质的规定性。人通过与客体进行交互，才能将其主体性展现出来，从而产生一种自觉性。一般来说，文化的主体性特征主要表现为如下两点：

首先，文化主体不仅具有目的性，还具有工具性。如前所述，由于文化是主体发挥创造性的外化表现，因此其必然会体现文化主体的目的性，只有这样才能促进人的全面发展。另外，文化也是人能够全面发展的工具，如果不存在文化，那么就无法谈及人的全面发展，这也体现了文化的工具性。

其次，文化主体不仅具有生产性，还具有消费性。人们之所以进行生产，主要是为消费服务的；而人类对文化进行生产与创造，也是为了更好地进行消费。在这一过程中，对文化进行创造属于手段，对文化进行消费属于目的。

②历史性。文化具有历史性的特征，这是因为其将人类社会生活与价值观的变化过程动态地反映出来。也就是说，文化随着社会进步不断演进，也在不断地扬弃，即对既有文化进行批判继承与改造。对于某一历史时期来说，这些文化是积极的、先进的，但是随着时代的发展，这些文化有可能失去其积极性、先进性，被先进的文化取代。

例如，汉语中的"拱手"指男子相见时的一种尊重的礼节，该词产生于传统汉民族文化中。随着历史的发展，这一礼节已经不复存在，现代社会常见的礼节是鞠躬、握手等。因此，在当今社会，"拱手"一词已经丧失了之前的意义，而仅仅作为文学作品中传达某些情感的符号。

③社会性。文化具有社会性特征，这主要表现在如下两点：

首先，从自然上来说，文化是人们创造性活动的结果，如贝壳、冰块等自然物品经过雕琢会变成饰品、冰雕等。

其次，从人类行为来说，文化起着重要的规范作用。一个人生长于什么样的环境，其言谈举止就会有什么样的表现。另外，人们可以在文化的轨道中对各种处事规则进行把握，可以说，人不仅是社会中的人，也是文化中的人。

④民族性。文化具有民族性特征。人类学家克利福德·格尔茨（Clifford Geertz）这样说道:"人们的思想、价值、行动，甚至情感，如同他们的神经系统一样，都是文化的产物，即它们确实都是由人们与生俱来的能力、欲望等创造出来的。"[①]。这就是说，文化是特定群体和社会的所有成员共同接受和共享的，一般会以民族形式出现，具体通过一个民族使用共同的语言、遵守共同的风俗习惯、其所有成员具有共同的心理素质和性格体现出来。

2. 文化教学的目的

语言背后蕴含的是丰富的文化内容，但是，要想明确英语文化教学的相关知识，就需要弄清楚其基本的内涵。1994年，著名学者胡文仲在《文化与交际》书中指出语言与文化的关系，即语言是文化的一种表现形式属于文化的一部分。如果学生不清楚英美文化，那么将很难学好英语。

从胡文仲先生这段话中不难看出，要想真正地学会运用语言，就需要对文化有所了解。英语文化教学就是引导学生学习西方的文化知识，增强学生对文化的敏感性。在当前，英语文化教学的目标是提升学生的跨文化交际能力，总体来说，主要可以从以下三点来理解:

（1）帮助学生树立多元文化意识

了解世界文化的多样性，有助于人们建立多元性的观念。文化不同，其产生的背景也不同，彼此之间不能进行替代。在全球化视角下，不同文化群体之间的交流变得更为频繁，人们需要理解与尊重不同的文化，避免在交际中出现交际困难或者交际冲突。

在英语文化教学中，教师应该让学生对不同文化逐渐了解与熟知，让他们不仅要了解自身的文化，还要了解他国的文化，这样才能建构他们多元化的意识。

（2）发展学生的批判性思维

在英语文化教学中，教师应该培养学生的批判性思维，让学生逐渐反思本国的文化，然后将那些精华部分综合起来，对文化背后的本质进行剖析，从而建构自己的文化观。

（3）为学生创造学习异质文化的机会

当对不同文化进行了解与学习的时候，难免会出现知识的碰撞，并且很多人

---

① 克利福德·格尔茨. 文化的解释 [M]. 上海：上海译林出版社, 1999.

可能对这种碰撞感觉到不舒服、不适应。因此，在英语文化教学中，教师应该让学生了解这一点，找出其间异同，取其精华，提升自身的文化适应能力。

3.文化教学的模式

随着英语教学不断开展，教师对于英语的文化内涵开始给予关注，并且认识到在英语教学中培养学生的文化交际素质是非常重要的。在文化教学中，教师应采用恰当的教学模式，只有这样才能实现教学目的。一般来说，文化教学的模式主要有以下两种：

（1）"交际—结构—跨文化"模式

文化教学的常见模式就是"交际—结构—跨文化"模式，这一模式与我国目前人的英语教学习惯相符合。在英语教学中，我国的大多数学生都是以汉语思维展开的。这种认知与思维方式与英语学习的规律并不相符。心理学家指出，事物之间的差异越大，就越能对人类的记忆进行刺激。"交际—结构—跨文化"模式能够从英语学习的全过程出发，展开认知层面的刺激。在教学的各个阶段，都对学生的目的和思维模式产生影响。

①交际体验。交际体验即让学生掌握一定的交际能力，通过运用英语展开交际。交际能力是人们为了对环境进行平衡而实施的一种自我调节机制。通过这种交际体验，能够不断提升学生的交际能力。在交际过程中，交际双方需要建立在一定的语言交际环境的基础上，不断熟悉和了解交际双方的背景知识，从而将交际双方的交际技能发挥出来。我国的英语教学需要为学生营造能够进行交际体验的环境，这样才能形成一种双向的互动与交际模式。

②结构学习。结构学习将语言技巧作为目标，将语言结构作为教学的中心与重点内容，从而利用英语展开教学。语言具有系统性，语言教与学中应该对这种系统性予以利用，找到教与学中的规律，实施结构性学习方式。

结构学习要对如下四点予以关注：第一，对学生的英语结构运用能力进行培养；第二，对学生的词汇选择与创造力进行培养；第三，对学生组词成句、组句成篇能力进行培养；第四，对学生在不同语境下的交际能力进行培养。

③跨文化意识。跨文化意识是将对文化知识的了解与熟知作为目标，对文化习俗非常重视，利用英语为学生讲解文化习俗方面的知识。要想具备英语文化知识，学生不仅要对英语国家的历史与文化活动有所了解，还需要对相关文学作品

进行研读，同时还要了解相关国家的风俗与习惯，从而形成对西方文化学习的热情与兴趣。久而久之，英语教学就成为一种对文化的探索教学，从而激发学生的学习兴趣，提升学生的学习效果。这一模式要求在整个教学中需要对中西方文化进行对比，从而培养学生的跨文化意识。

（2）"文化因素互动"教学模式

考虑英语文化教学中存在多种问题，很多专家、学者从不同的视角提出了不同的解决方案，但是总体上都不能让人满意。文化的双向传递指的是在英语教学中，以中西方文化为中心，以对文化的学习来促进语言的学习，从而建构学生的中西方文化知识结构，培养他们的跨文化交际能力。

英语教学中单向西方文化输入产生的问题，尤其是"中国文化失语"现象，是用中西方文化的双向输入克服；克服零散的点的输入，是用系统的文化输入；克服片面的流行文化的输入，是以文化精髓与文化底蕴进行输入；克服被动的文化输入，是采用主动的文化建构输入。在英语教学中实施文化因素互动模式，有利于对学生的文化知识结构进行优化，培养学生的文化能力与意识，提高学生的跨文化交际能力，使学生能够在适应全球化发展的同时，对本土优秀文化进行弘扬，保证中西方文化的平等对话。

当前，多数英语文化教学将西方文化作为教授的内容，多把西方文化作为教学重点与资源，但是未将我国文化传播纳入教学之中，因此，我们主张采用文化双中心原则。虽然当前基于全球化背景文化研究多是以西方范式为主导，但是我们也不能忽视本土文化。很多我国学者呼吁应该进行中西方文化的平等对话，而要想实现平等对话，主体必然是中国人，并且是懂得如何进行平等对话的中国人。我国的大学是培养中国人才的摇篮，我国的大学英语教育应该承担起相应的责任，在英语文化教学中坚持文化双中心原则。将我国文化教学与西方文化教学相结合，达到二者的并重，这样才能真正地做到知己知彼，才能避免出现"中国文化失语"的现象。

（二）大学英语文化教学的原则

1. 主体意识强化原则

在实施文化教学中，教师必须引导学生对跨文化交际过程中的平等主体意识加以强化，避免学生对西方文化的盲从，增强学生对中华优秀传统文化的认知，主动对我国传统的文化进行整理与挖掘，吸取文化中的精髓，将中国传统的优秀文化底蕴凸显出来，强调中华优秀传统文化在当今世界的价值。

在文化教学中，教师要引导学生遵循"和而不同"的原则，既要对其他文化有清晰了解，又要保持自身文化的特点，让学生能够向世界展现中华优秀文化的精髓。

在文化教学中，教师要不断培养学生自信的气度与广阔的胸怀，让学生学会在平等竞争中，与其他国家互通有无，以多种形式将我国的传统优秀文化传播出去，从而促进世界文化的多元发展。

2. 内容系统化原则

文化的内容非常丰富，对其所包含的因素学界至今还没有一个定论，因此，在实施文化教学时，教师不能一股脑地将所有文化内容纳入自己所讲授的内容之中。我国的教育主管部门应该组织文化领域的专家、学者，从价值性、客观性、多元性等多个层面出发，对中华优秀传统文化的教学内容体系进行确立，具体来说，其中应包含我国的基本国情文化、社会主义核心价值观、民族文化、节日文化、生活文化等。

3. 策略有效性原则

在实施文化教学时，教师应该采取有效的策略。

一方面，教师要用宽容、平等的心态对中西方文化进行对比，通过对比来鉴别。从而将中国文化与其他文化的异同揭示出来，避免将那些仅属于某一特定社会的习俗与价值当作人类普遍的行为规范与信仰。在运用这一策略教学时，教师应该对跨文化交际中存在的现实问题进行分析，把共时对比作为重点，不会考虑褒贬，克服那些片面的文化定型，避免用表面形式取代丰富的文化内涵，也就是说教师应该引导学生透过现象看本质，通过理性、客观的态度，对不同文化的异同加以分析。

另一方面，教师要为学生提供充足的空间与机会，让学生感受到中华传统文化的魅力。通过体验，可以将课堂环境与社会环境结合起来，加强文化与社会、学生与社会等之间的关联性，使学生在英语教学情境下不断体验与感悟，从而帮助学生形成文化理解力、文化认知力。

（三）大数据驱动下大学英语文化教学的方法

在混合式教学模式下，利用线上的慕课学习加线下的翻转课堂学习，将跨文化思辨教学内容尽可能多地输入和输出，从而培养学生的文化创造力和正确的文化价值观，具备跨文化思辨能力。

线上的慕课学习主要是选择合适的线上慕课课程，增加跨文化知识的学习。目前我国正在大力开展慕课建设，涌现了不少优秀的慕课平台，慕课课程资源也相当丰富。以我国大学慕课网为例，有关跨文化知识的课程就有好几门，如《文化差异与跨文化交际》《跨文化交流》《英语漫话中国文化》等。这些课程都是经过精心设计、策划和拍摄，系统性和连贯性相当强，不失为跨文化教学输入的好材料。选择适合所教学生水平的，兴趣性强的课程，就能进行很好的输入活动。线上慕课的学习时间设定为学生课后的自主学习时间，这样做不仅能帮助学生培养自主学习的习惯，也能解决课堂时间太少，无法大量进行跨文化知识学习的局限性问题。

线下的教学主要是教师在慕课课程的基础上，开展线下的翻转课堂教学，对学生进行答疑，组织学生进行跨文化知识的课堂展示、评价等思辨活动。这一环节可以用较少的课堂时间，给予学生较多跨文化思辨输出的机会。如针对每一个文化主题，集中进行一次翻转课堂教学。教师要对所选慕课课程内容相当熟悉，以便能更好地为学生答疑。探究如何设置课堂展示的小组任务，以便有效地训练学生的思辨能力。在实施的过程中，教师需要重点关注以下几个方面的内容：

1. 为学生制作学习单

为了让学生开启自主学习的模式，教师可以根据具体的教学内容为学生设计一套学习单，引导他们按照教学大纲和教学目的开展有意义的自主学习活动。在所设计的学习单中，教师应该详细列出本单元涉及的教学内容、学生要事先完成的自主学习内容、相关的语言学习材料目录、相关的文化积累材料目录。学生可以在完成学习单中这些内容的过程中，逐渐了解自己要知道什么，想学什么，发现了什么，从而实现自主学习过程的建构，为英语的课堂文化教学活动奠定基础。

2. 要求学生进行课外自主学习活动

教师应该先将全部教学内容分解为若干个阶段性、模块性的学习目标，将制作好的短小精悍的、时长不到 10 分钟的微课材料传到网络平台上，并且指导学生制订出相应的学习计划。学生一方面可以利用学校提供的网络自主学习平台，另一方面可以在家自主完成学习的任务。对于学习内容的选择，学生应该根据自身的文化知识掌握情况以及语言水平等进行适当选择，既要保证其与自身实际需要相符，又要确保其可以满足对新知识吸收的需求，也应达到通过语言与文化知识的吸收和内化，将新知识转化为已知信息，最终在特定的情景中与他人展开交流和分享。

3. 组织学生完成课内展示和谈论

当学生完成了自主学习，教师可以将原本是教师主讲、学生听讲的课堂翻转成教师指导、学生展示学习成果、相互交流学习成果和经验的课堂教学模式。教师不再是课堂教学的主体，身份也从之前的知识传授者转变成知识反馈过程中的指导者、支持者和评价者。与此同时，学生的身份也由之前的听讲者、被动的知识接受者转变成主动内容设计者、活动参与者。

课堂教学的内容与形式应具有多元化，一方面可以为学生提供机会展示自主语言学习、文化知识积累的成果，展示通过自主学习微课程和了解西方国家的文化背景知识而总结出的中西方文化冲突、文化比较等内容；另一方面可以为学生提供交流互动平台，组织各种形式的课堂对话活动，相互探讨、补充对西方文化的深层了解以及使用目标语进行有效交流的经验和体会等。

第五章　信息化时代背景下大学英语课程的多元化改革

本章主要介绍了信息化时代背景下大学英语课程的多元化改革，主要介绍了三个方面的内容，分别为信息化大学英语教学评价的改革、信息化大学英语教师专业素养的改革、信息化与大学英语学习方式的改革。

第一节　信息化大学英语教学评价的改革

一、大学英语教学评价概述

（一）教学评价的界定

一提到评价，很多人就将其与评估、测试等同起来，其实三者既有一定的区别，也有一点的联系。简单来说，测试为评估与评价提供依据，评估为评价提供数据，评价是对教与学效果的整体评估。三者的关系如图 5-1-1 所示。

从图 5-1-1 中可知，就关系层面来说，三者体现了一种包含与层级的关系。测试充当其他两者的支撑信息。在有着包含与层级关系的同时，三者又存在明显的区别，具体表现为如下三个层面：

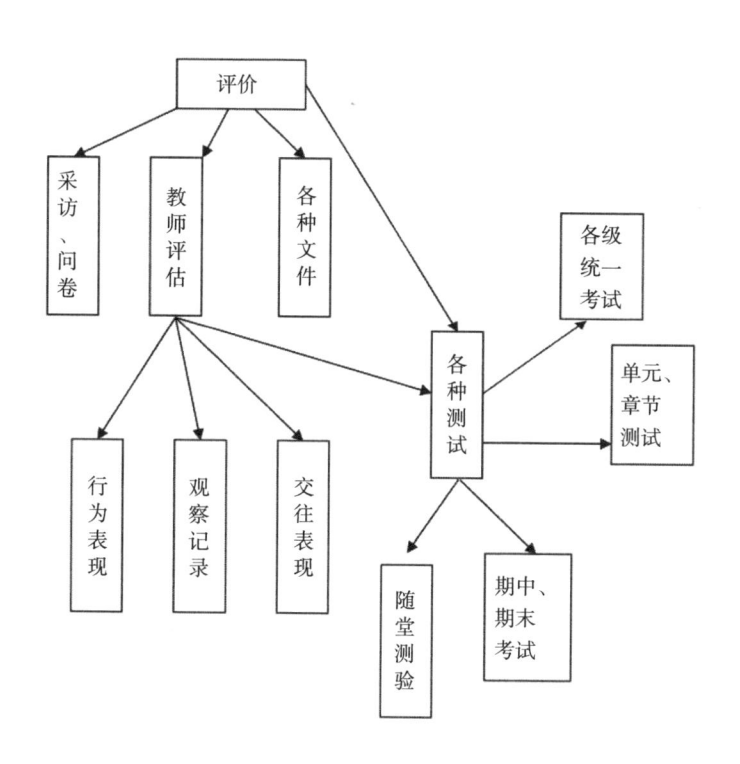

图 5-1-1　评价、评估与测试的关系

三者的目标不同。就某一程度来说，测试主要是为了满足家长、学校的需要，因为他们需要知道自己的孩子或学生的情况，与其他学校学生之间是否存在差距。当今社会仍旧以应试教育为主，因此考试为家长、学校提供了很多信息，也是家长、学校关心的事情。评估主要是为教师、学生提供依据，如学习效果、学习中遇到的问题等，有助于教师提高教学的质量，也有助于学生提高自身的学习效率。评价有助于行政部门制定政策，对教学进行合理配置。可见，三者的作用不同，导致开展的范围与采用的方式也有明显的不同。

三者的数据信息不同。测试所收集的数据一般是学生的试卷信息，反映的也是学生的语言水平。从学生的语言运用能力来说，有些部分是无法用测试来评判的。评估可以划分为终结性评估与形成性评估两大类，前者依据的是测试，后者依据的是教与学的过程，注重学生对任务的完成、概念的理解等层面。当然，其依据更多的是定性分析，而不是定量分析。评价所依据的信息多为问卷、访谈、测试、教师评估等，是定量分析与定性分析的结合，是一种综合性评估。

三者的展示方式不同。测试的展示方式往往是考试，这在前面已经有所论述，最终结果也通过分数排序来展现。而相比之下，评估与评价往往是以鉴定描述或等级划分的方式展现出来。总之，评价在人们的社会活动中广泛存在。有人认为评价是确定课程能否达到既定目标的一种手段；也有人认为评价是运用不同的渠道，对学生的相关资料加以收集，并将这些收集的资料与预定的标准相比较，进而做出判断与决策的过程；还有人认为评价是对相关信息进行收集、综合、分析，从而用这些信息促进课程的发展，对课程的效度、参与者的态度进行评定。但是，更多的人将评价等同于价值判断。就英语教与学来说，评价指的是学生能否达到某项能力目标，学生能够实现课程目标，教师的教学与学生的学习能否帮助学生实现既定目标的一种判断手段。

（二）教学评价的划分

由于评价的方式、内容等存在明显的差异，因此对评价的划分也有所不同，具体而言，可以划分为如下三组：

1. 过程性评价与目标达成评价

（1）过程性评价

所谓过程性评价，即在学习过程中，对学生的学习活动进行评价与判断，目的在于将学生的学习行为与学习目的的相符程度解释出来,且用于评判学生能否实现学习目标。评价的内容包含学习策略、阶段性成果、学习方式等。

(2)目标达成评价

目标达成评价既可以是对课堂教学目标达成情况的评价,也可以是对单元学习目标达成情况的评价,还可以是对学期教与学目标达成情况的评价,其包含理解类、知识类与应用类三种目标达成评价方式。理解类目标评价方式表现为解释与转化,往往会采用阅读理解、听力理解等方式,会对阅读文本、听力文本进行选择与匹配等。知识类目标评价方式主要表现为对知识掌握情况的评价,并采用再次确认的方式,一般选择、填空都属于这类评价方式。应用类目标评价方式即采用输出表达的方法,要求学生根据阅读与听力材料,进行转述或表达。

2.表现性评价与真实性评价

(1)表现性评价

所谓表现性评价,是指让学生通过完成某一项或者某几项任务,将自身所掌握的知识与技能表现出来,从而对其获得的成就进行评价。简单来说,表现性评价就是通过对学生完成任务的表现情况及获得的成就进行的评价。表现性评价属于一种发展性评价,其核心在于通过学生完成现实的任务,将自身所掌握的知识与技能展现出来,从而促进自身学习的进一步发展。一般来说表现性评价具有如下特征:属于教学过程的一部分,其要与课程教学相互整合;其关注的是学生知识与技能的发展,而不是对知识与技能的再次确认与回忆;一般情境都是真实的,往往需要学生将现实学习中遇到的问题进行解决;学生需要完成的任务一般较为复杂,往往需要学生将多个学科的知识与技能相融合;对于学生的发散性思维要给予鼓励,也允许不同的学生给出不同的答案;其是形成性评价与终结性评价的结合。

综合来说,表现性评价有助于对学生的学习过程与学习结果展开更真实、更直接的评价,能够将学生的文字、口头等表达能力以及想象力、应变能力等很好地展示出来,因此对于英语教学是非常适用的。

(2)真实性评价

所谓真实性评价,是指基于真实的语境,对学生的表现进行评价,是一种要求学生完成真实任务之后,对自身所学知识与技能的掌握与运用情况进行的评价。

与表现性评价相比，真实性评价更加强调真实，即任务的真实，一般来说其任务都是人们现实生活中遇到的问题。

真实性评价也具有表现性评价的那些特征，是表现性评价的一大目标。由于真实性评价要求评价成为教学过程的一个重要组成部分，因此真实性评价也具有形成性评价的特征。同时，真实性评价又注重任务的整体性与情境性，对终结性测试有很大的影响，因此真实性评价又具有终结性评价的特征。可以说，真实性评价融合了多种评价手段，是多种有效评价手段的结合。

3. 形成性评价与终结性评价

（1）形成性评价

所谓形成性评价，即在教与学的过程中，通过对信息进行收集与整合，进而促进教与学的发展。简单来说，形成性评价即在教学过程中，教师与学生获得反馈信息，对教与学加以改进，让学生真正地掌握知识的系统评价手段。一般来说，形成性评价具有如下特点：往往作为教与学的一部分而在教与学过程中呈现；不是将等级划分作为目标，而主要是将指导、诊断促进等作为目标；学生往往充当主体的作用参与其中；评价的依据是在各个情境下学生的表现；通过有效的反馈，教师确定学生的水平是否达到预期。

形成性评价集合了过程性评价、真实性评价为一体，其对大学英语教学有着广泛的意义，具体而言总结为如下三点：

①改进学生的学习。形成性评价可以将教材中的问题凸显出来，这便于改进学生的学习。教师在批改完试卷后，会将试卷返回给学生，学生通过与答案进行比对，从而发现自己学习中存在的问题，并进行改正。

如果教师在评阅时发现很多学生都会遇到同一问题，这时候教师可以在课堂上进行讲解，为大多数学生答疑解惑。

当然，由于面对不同的学生，教师在给出建议时要考虑采取符合学生实际情况的形式，如选择单独进行讲解等形式，这样才能让学生把握和理解。

②强化学生的学习。形成性评价有助于对学生的学习进行强化，因为通过教师的肯定，能够激发学生进一步学习的积极性，从而提升学生的认知与情感。

③记录学生的成长。无论学生学习什么内容，都期待自己可以获得进步。同

样，在形成性评价中，教师需要根据学生平时的表现来进行评价，无论是每一堂课的表现还是每一个单元的表现。教师应该将这些表现记录下来，从而构建一个成长记录袋或者电子档案，这不仅可以为之后的评价提供依据，还可以为终结性评价提供参考。

（2）终结性评价

所谓终结性评价，是一种对教师的教学与学生的学习结果的评价，是在教学结束之后，对教与学目标实现程度所进行的评价，因此其又可以称为"总结性评价"。从定义中可以看出，终结性评价往往出现在教与学结束之后，用于对目标达成情况进行的评价。因此，这一评价方式有时可以等同于之后要讲述的目标达成评价。

对于教学而言，终结性评价是一个普遍的评价手段，但是其作用是不可磨灭的，具体表现为如下三点：

①评定学生的学习成绩。在教学中，终结性评价最常见的用途在于评价学生的学习成绩。通过平时测试、期中与期末测试，教师可以了解学生是否有所进步、是否实现既定目标，从而为学生下一步的学习提供建议。

一般来说，终结性评价的总体成绩是平时测试、期中测试、期末测试的综合体现。也就是说，在进行评价时，教师应该把这些成绩综合起来评定，最终获得学生的总体成绩与平均成绩。

②确定学生的学习起点。终结性评价的结果可以为学生进一步的学习提供依据。同时能够反映出学生的情感与认知。但是，要想让这一评价发挥到最大作用，还需要结合学生具体的分数，以及教师对学生的评语。这样才能帮助教师作出合理的评价。

③对学生的学习提供反馈。终结性评价大多在某一阶段结束之后或者某一学期结束之后展开。如果其测试的是学生某一阶段的学习情况，那么所选择的试题应该能够反映学生这一阶段的学习情况，这就是说这一阶段的终结性评价可以为学生前一阶段的学习提供反馈，并且这种反馈具有鼓励性与积极性，同时还能对前一阶段学习中出现的问题进行纠错。

如果其测试的是学生某一学期结束之后的学习情况，那么教师应对所选择的试题进行合理的编制，并且对学生的学习情况进行恰当评分。同时，学生可以从自己的测试结果中获取有效信息，从而改进自己的学习情况，了解自己学习中存在的问题以及取得的成功之处。这些信息有助于为下一学期的学习确定目标。

（三）英语教学评价的功能

英语教学评价能促进学生在学习过程中的成功与进步，从而使学生真正地认识自我，促进他们综合能力的发展。另外，英语教学评价能够为教师提供反馈信息，从而不断改进自己的教学情况，提升自身的教学水平。

1. 导向与促进

英语教学评价应该有助于英语教学目标的实现。我们知道英语教学评价不仅需要评价学生对知识的掌握情况，还需要评价学生的学习态度、发展潜能等，只有通过综合性评价，学生才能在英语学习中保持积极的态度，从而形成有效的学习策略，并且具备跨文化的意识。英语教学评价应该为英语教学目标服务，这就要求学生从目标出发，制订自己的学习计划，并不断检验自己的学习方法与学习成果，才能将自身的潜力挖掘出来，提升自身的学习效率。因此，英语教学评价对于学生来说有着积极的导向作用。

英语教学评价会对学生日常学习表现、学生学习中获得的成绩、学生学习的情感与态度等展开评价，通过对学生学习的激励可以帮助学生对自己的学习过程进行调度，让他们逐渐获得自信心与成就感，培养学生之间的合作精神。为了将评价与教学过程有机融合，学校与教师都应该采用宽松、开放的评价氛围来评价学习活动与效果，可以建立相应的档案袋等，对教师与学生进行鼓励，从而实现评价的多元化。

2. 诊断与鉴定

英语教学评价对教与学的情况进行了整体评判。在教学过程中，学校往往会通过评价量表等对教师的教授情况、学生的学习情况展开检测，这样便于学校、教师、学生了解具体的教与学情况，判断学生在学习过程中有无偏差，并找出出现问题的原因，从而加以改进与提高。

3. 反馈与调节

师生通过问卷访谈等，发现教与学中的优点与不足，对教与学过程中的得失进行评价。教师以科学的方式将评价内容反馈给学生，使学生建立更为全面与客观的认识，并帮助教师更有效地规划下一阶段的教学内容与教学策略。

4.展示与激励

英语教学评价对学生的学习过程是非常关注的，让学生认识到自身学习中的成功之处，不断鼓励自己，获得更大的成功。当然，教师还需要适当地提点学生学习中的错误，让他们产生一种焦虑感，从而更加积极主动地参与到英语学习中。这种正反鼓励方式都会不断提高学生学习的主动性与积极性。

二、大学英语教学评价的基本原则

（一）主体性原则

所谓主体性原则，即英语教学评价主体需要考虑教学价值主体本身——学生的需求，对教学价值客体进行评价。

在学习中，学生处于主体地位，但是传统的英语教学评价将教师放在核心地位，认为教师是教育的主体，是知识的灌输者，而学生仅仅是知识的被动接受者，这就导致教学评价主要是针对教师来说的，评价的内容也主要是教师的教学情况。如表5-1-1所示。

表5-1-1 课堂教学评价表

项　目	内　容	权　重	得　分
教学目标	①是否体现明确的教学目标、教学大纲、教材的特点，是否与教学实际相符 ②是否落实了教学知识点，是否培养了学生的能力 ③是否将德育寓于知识教育之中	15	
教学内容	①教材的处理是否恰当，是否突出了重难点，是否突破了重难点 ②教学组织是否有清楚的条理，是否简明扼要，是否准确严密，是否难度适中 ③教学训练是否定向，是否有广度，是否保证强度适中	25	

续表

项　目	内　容	权　重	得　分
教学方法	①教学的设计是否得当，是否体现了教学改革的精神，是否处理好主导与主体之间的关系问题 ②教学是否有合理的结构，是否做到教学方法的灵活性，是否将各个环节恰当分配 ③教学是否有开阔的思路，是否采用现代化的教学手段，是否能够将学生的学习兴趣激发出来 ④教学是否注重学习方法与学习习惯的指导	25	
教学基本功	①教学中是否运用了清晰、生动、规范的语言 ②教学中是否保证书写的清晰与特色鲜明 ③教学中是否有自如的神态，且保证大方得体	15	
教学效果	①教学中是否保证热烈的气氛，是否给学生留下了深刻的印象 ②教学中是否能够面向全体学生，是否完成了教学任务，是否实现了良好的教学效果	20	
综合评价			

显然，从表 5-1-1 中可知，这类评价主要是评价学生能否接受教师传授的知识以及接受的程度；通过评价学生的学习情况来对教师的教学内容与教学方法的合适程度进行审查；评价教师的学习策略是否得当等。简单来说，这种教学评价是为教师服务的，并没有展现出学生的主体地位。

当前的教学强调有效教学，即发挥学生的认知主体地位，因此教学评价的对象需要从以教师为主导转向以学生为主体。对学生学习情况的评价内容与手段应该从单一转向多元，如对学生学习动机、学习兴趣等都可以进行评价。基于此，教学评价的对象才能转向学生，当然，这并不是说不对教师进行评价，只是说以学生的评价为重点，为学生创造更多适合其学习的环境，且对教师的评定标准也是根据学生来制定的。

因此，主体性原则要求将学生作为评价主体，即评价活动以学生的发展为目标，评价设计要有助于学生的多元化、个性化发展，发挥学生的主观能动作用，帮助学生形成积极的态度，同时不能损害学生的自尊心，要对学生给予爱护与尊重。

（二）过程性原则

英语教学评价应该坚持过程性原则，这主要体现为以下两点：

一是要全程性，即评价要贯穿学生学习的全过程。

二是要动态性，即对发展过程加以鉴定、诊断、调控等，对整个过程的发展方向加以把握。

英语教学评价对于过程评价非常关注，这有助于提升学生的学习兴趣，增强学生英语学习的动机与主动性，从而有助于学生自主学习。

（三）多样化原则

英语教学评价应该坚持多样化原则，主要体现在以下三个层面：

一是评价主体要多样化，不仅涉及教师，还涉及家长、学生等，通过宽松、开放的评价氛围，对教师、家长、学生的参与予以鼓励。

二是评价形式要多样化，即对学习过程予以关注，要从不同的内容与对象出发，考虑采用自评、互评等多元化的评价方式。

三是评价手段要多样化，既可以是教师观察，也可以是学生量表等，教师从不同学生的学习差异与策略出发，采用恰当的评价手段，选择适合学生的评价方式，从而彰显出学生自身的优势，让每一位学生都可以体会到成功的喜悦。

（四）实效性原则

英语教学评价强调实效性，即主要是从教育的现实意义与评价行为等层面考量的，其要求在具体的评价实践中，能够将评价的实用价值体现出来。

英语教学评价的实效性原则体现在评价方式上是非常方便的，即不要使用烦琐的程序，但是要保证评价的时机与质量，因此在设计评价内容与方式时，不能与英语教学的目标相脱离，要格外关注评价之后产生的实际效果。

(五)发展性原则

英语教学评价应该为学生的发展服务,注重学生信心的树立,发现学生发展过程中出现的问题,通过反馈,对这些问题进行解决,促进学生更好地向前发展。发展性原则一般包含以下三点:

一是发展性原则要求英语教学评价应该从学生主体出发,将学生的需求作为出发点与落脚点。

二是发展性原则要求英语教学评价的目的是促进学生的发展。即只要是对学生发展有利的层面,任何手段与技术都可以运用其中。

三是发展性原则要求英语教学评价需对每一位学生的个性特点与原有基础有所把握与关注,从而为每一位学生获得最佳的发展而做出努力。

通过评价,教师才能更好地引导学生,对学生的原有基础、认知水平等进行鉴定,使学生认识自己在发展过程中的不足,从而有针对性地进行改进与调整,对自己的学习过程进行优化,从而获得最佳的发展。除此之外,发展性原则还要求教师对学生的态度、情感等进行关注,帮助学生形成正确的价值观。

第二节 信息化大学英语教师专业素养的改革

一、信息化背景下大学英语教师的角色与素质

信息化背景下,大学英语教学作为一种新兴的教学方式,有效促进了课堂教学效果的提高和教学目标的达成,实现了个性化学习,并对教师提出了新的要求,促进了教师角色的转变。具体而言,在信息化背景影响下的大学英语教学中,大学英语教师的角色发生了显著的变化。信息化背景下的大学英语教师角色让课堂更为生动、有效,教师发挥了更多的引导和协助的功能,为学生提供了个性化学习机会和多样化学习方式,对英语课堂的顺利实施有着明显的促进作用。

说到角色,一般人会觉得其与身份、地位有关,认为角色是对人们身份、地位的诠释。在当今社会,教师扮演着十分重要的角色,他们以各种方式调动与引导学生参与活动,并引导学生在自己设定的环境中展开探索。本节首先分析大学英语教师的传统角色,其次探究大学英语教师角色的转型。

(一)信息化背景下大学英语教师的角色

在这个多元化的社会,教育具有多样性,他们需要适应不同层次、不同族群人的需求。教师需要作为文化传承执行者的角色出现在学生的面前,他们通过间接的形式逐渐实现文化传递。只有具有多元文化教育观的教师,才能与多元文化社会教育相适应。也就是说,教师不再是知识的传授者与复制者这些简单的角色,而是被赋予了新的功能的角色。下面就具体分析大学英语教师角色的转变:

1. 语言知识的诠释者

大学英语教师是英语语言知识的诠释者,他们在开展课程教学之前,必须具备渊博的知识。简单来说,大学英语教师需要对英语专业知识有系统的、全面的把握,并能够从这些知识中分析出语言现象。一般来说,英语教师需要掌握的专业知识包括理论知识、语境知识、实践知识等,这些知识中囊括了语音、词汇、语法、语篇、文化等知识,大学英语教师只有掌握了这些知识,他们才能解决学生学习中遇到的实际问题,帮助学生提升自我,实现更好的语言输出。

2. 语言技能的传授者

当然,除了英语知识,大学英语教师还需要掌握语言技能,并且将这些技能传授给学生。在学生学习语言的过程中,掌握语言知识是基本条件,而最终目的是提升自身的语言技能。一般来说,语言技能包含听、说、读、写、译五项。就语言的发展规律而言,听、说居于重要地位,读、写、译在其次;但从语教育的角度而言,读、写、译居于重要地位,听、说在其次。这就说明大学英语课程教学的目标是让学生具备一定的读、写、译能力,而听、说能力是实现读、写、译能力的前提与基础。大学英语教师要想能够提高教学质量,熟练地驾驭英语这门课程,就必须掌握这五项技能,并且保证五项技能的有机结合,从而提升学生的语言综合技能。

3. 课堂活动的组织者

无论是大学英语课程教学还是其他教学,课堂活动都是必不可少的一部分。在大学英语课程教学中,课堂教学是其重要的载体与媒介。大学英语教师要想提升自身的教学质量,必须设计出合理的课堂活动,如辩论、对话、对话表演等,这些都是能够让学生参与其中的活动，让学生有真实的语言训练机会，提升自身的语言表达能力。在这之中，学生也会不断加深对英语语言知识与技能的印象，巩固自身的知识体系。

4. 教学方法的探求者

大学英语教师在大学英语课程教学中不能仅使用一种教学方法，应该承担起教学方法开发者与设计者的角色，创新教学方法，使课堂更多样有趣。与其他学科相比，大学英语课程教学具有极强的实践性，因此，其与教学方法的关系更为密切，教师在语言知识的分析、学生语言技能的掌握、课堂活动的组织等方面都需要考虑相应的教学方法。

随着对英语课程教学进行深入的研究，很多学者探索出了很多教学方法，如语法翻译法、交际法、任务法、情境法等，这些教学方法各有利弊，大学英语教师需要考虑教学的实际情况以及学生的实际水平，选择适合自己的教学方法组织教学，有时候甚至需要多种方法并用，从而达到最佳的教学效果。

5. 网络技术的应用者

（1）语言单元任务的设计者

要想实现单元主题目标，就必然需要对单元任务进行设计，这是大学英语教师的一项重要任务。学生通过教师设计的这些真实的任务，不仅可以拓宽自己的语言知识面，还能够提升自身解决具体问题的能力。因此，在英语学习中，语言单元训练任务的设计是非常重要的。这要求教师在网上设计相应的单元任务，让学生在规定的时间内完成，最后提交完成任务的结果。通过这种方式，学生可以降低自身的压力，愿意主动参与其中。

另外，通过网络，学生可以根据自身的实际情况选择教师设计的任务，遇到问题时也可以与教师或其他同学进行网上交流，最后呈现自己的作品或观点。显然，这种方式不仅锻炼了学生的英语语言能力，还有助于提升学生的兴趣和积极性，加强人与人之间的交往与合作。

（2）有效主题教学模式的设计者

在新形势下，大学英语课程教学要求教师不断探求新的教学模式与方法。具体来说，大学英语教师不仅需要发挥网络的优势，还需要提升学生的学习效率。

为此，大学英语教师在设计主题教学模式时，应该选择学生感兴趣的话题，并将整个教学模式都围绕这一主题开展，以小组合作讨论的形式完成任务，最后提交讨论结果。

当然，由于处于网络环境下，大学英语教师设计的每一个主题应该能让学生在网络上找到丰富的资料，包括这一主题的文化背景与发展动态，然后由学生进行归纳与总结，进而学生在网上进行讨论，这样的设计模式实际上帮助学生摆脱了课本的限制。另外，在设计有效主题教学模式时，大学英语教师要尽量链接一些有效网址，帮助学生接触更多的国内外文化知识。大学英语教师还可以下载一些前沿性的资料，以吸引学生，提升他们的求知欲。当然，对于一些敏感性的话题，大学英语教师要进行正确指导，避免学生出现文化偏见。

（3）学生网络学习的帮助者

在大学英语课程教学中，网络能够起到监控的作用。通过网络监控，大学英语教师可以对学生的学习过程有所了解与把握，从而帮助学生实现自己的学习目标。大学英语教师是学生进行网络学习的帮助者，尤其对于，基础差的学生而言，大学英语教师更是发挥了不可磨灭的作用，他们通过记录学生浏览网页的情况，了解学生是否参与其中，从而清楚学生在学习中遇到的困难，之后帮助学生解决实际的问题。另外，由于不同的学生遇到的困难不同，因此大学英语教师应该分别给予指导，促进不同层次学生取得进步。显然，大学英语教师对学生网络学习的帮助更具有人情味，不仅有助于提升优等生的水平，还有助于避免基础差的学生的畏惧心理，帮助不同层次的学生解决不同的问题，引导他们实现有效的自主学习。

（4）在线学习系统的建立者和学生学习过程的监控调节者

网络为学生的英语学习提供了便利，而教师在这之中充当了调控学生学习、提供个别指导的角色，但在这之前，需要建构一个完善的在线学习系统。在这个系统中，有教师与学生两个端口。学生通过填写自己的信息，向教师端提出申请，教师负责审核，使学生加入这一系统中。

根据在线学习系统的导航提示，学生可以获取自身所需的资料，也可以下载下来。例如，某一在线学习系统可能包含"单元测试"与"家庭作业"两个项目，在"单元测试"中学生可以进行训练与测试，在"家庭作业"中学生可以提交自己的作业。之后，学生可以通过论坛等与教师进行讨论，实现网上交流。

（二）信息化背景下大学英语教师的素质

从心理学上说，素质即人们与生俱来的神经系统、感知器官的某些特征，尤其指的是大脑结构与技能上的某些特征，并认为素质是人们心理活动产生与发展的前提与基础。①

沃建中认为，教师素质是教师能够顺利完成教学任务、培养学生所必须具备的品质，且是身心相对稳定的基本品质。②

林崇德将理论与实践紧密结合，把教师素质界定为："在教学活动中，教师表现出来的、对教学效果起决定作用的、对学生身心发展产生直接影响的心理品质的集合。"③

本书所说的教师素质主要侧重于教师的从业素质，即教师的职业素质，具体指教师为了与教师职业要求相符所必须具备的基本能力与品质。其中包含教师的道德素质、文化素质、思想素质能力素质、科研素质等。

1. 大学英语教师基本素质

根据林崇德先生提出的教师素质观，从当前大学英语教师的基本情况考量，大学英语教师素质的内涵主要涉及如下几个层面：

（1）职业理想

教师的职业理想是教师从事教学工作的兴趣与动机的体现，是其献身于教学工作的原动力。在大学英语教学中，教师的职业理想表现为积极性、事业心、责任感，大学英语教师具备的崇高的职业理想，是他们开展大学英语教学活动的有利层面。

（2）知识水平

教师所具备的知识水平是教师开展教学工作的前提。林崇德从功能角度出发，将教师的知识结构划分为四大部分：本体性知识、文化知识、实践知识、条件性知识。

---

① 李成学，罗茂全.教师的素质与形象[M].四川：四川教育出版社，2010.
② 沃建中.教师素质对学生心理的影响[J].广西右江民族师专学报，2001（3）：60-63.
③ 林崇德，申继亮，辛涛.教师素质的构成及其培养途径[J].中小学教师培训，1998（1）：10-14.

教师的本体性知识是教师特有的知识，如英语语言知识。这一知识与舒尔曼所说的学科知识基本等同。在林崇德看来，一个人最佳的知识结构就是自己所从事职业的知识，这是获取良好教学效果的保证。学生的年级越高，教师的威信越取决于自身的本体性知识。但是，林崇德也指出，具备本体性知识只是教师教学的基本保证，却不是唯一的，即还需要具备其他层面的知识。

教师的文化知识对于教师教育效果而言有着重要意义，其与教师的本体性知识有着同等重要的作用。

教师的实践知识是指教师在具体的课堂中，面对有目的的行为所具有的课堂情境知识或相关知识。这种知识是教师经验的积累。教师的教学与研究人员的科研活动不同，具有情境性。在这些情境之中，教师的知识主要是从个体实践而来的。同时，实践知识会受到一个人经历的影响和制约，这些经历有人的打算、人的目的、人类经验的积累等。这种知识的表达有着丰富的细节，并且以个体化语言来呈现。

教师的条件性知识是一个教师能否取得教学成功的保证。一般来说，教师的条件性知识可以划分为三种：学生的身心发展知识、学生成绩评估知识、教与学知识。

（3）教育观念

教师的教育观念是他们在教学活动中形成的对教育现象的主体性认知，是从自身的心理背景出发进行的认知。一般来说教育观念包含知识观、教育观、学习观、学生观等。

（4）监控能力

教师的监控能力指的是他们为了保证教学能够顺利实现预期目标，在教学过程中对其进行主动计划、检查与反馈等。具体来说，包括对课前教学的设计、对课堂进行管理与指导、对课堂信息进行反馈。事实上，教学监控能力是教师对其认知的调节与控制，是教师思维反省与反思的体现。

（5）教学策略与行为

教师的教学策略与行为是教师为了实现教学目标，从学生的特点出发，采用各种教学手段因材施教。在大学英语教学中，教师的教学策略与教学行为是教师根据不同学生的学习风格与水平差异，设计符合学生风格的课件，采用网络多媒体技术，将自身的教育思想与学生容易接受的方式完美地融合的行为。

2. 信息化背景下大学英语教师的素质定位

（1）以学生为中心的教学意识

在传统的大学英语教学模式中，教师在课堂上占据绝对的主体地位，他们是教学活动的掌控者、组织者，学生是被动的参与者。在这样的教学过程中，教师是不会意识到不同学生是存在差异的。即便意识到了这一点，大多数教师也会选择忽略。

实际上，在大学英语课堂中，所有的学生形成了一个多元文化语境，他们来自不同的地区，具有不同的成长背景，这就使得他们有着不同的接受能力、不同的思维方式等。如果教师在教学上对所有学生都一视同仁，采取统一的教学方法，那么必然会削弱学生学习的积极性与主动性，也势必会导致教学效果不佳。

在跨文化教育背景下，教师应该"以学生为中心"，教师自身的角色也应该发生改变，从原本对课堂的控制者转变为对学生英语学习的辅助者，同时对待每一位学生都应该持有平等、公平的态度。教师要认识到不同学生的文化差异与多样性，对不同的学生采用不同的方法，使学生成为教学的主体，让其充分展现自身的个性，从而更好地在多元的环境中习得英语这门语言。

（2）信息化时代下的信息素质

随着科技的日益进步，人们逐渐意识到：人才所具有的高素质是一个国家、一个民族最大的竞争力。在所有素质中，信息素质是一个最不可忽视的方面。因此，各国教育界都特别注重对个人信息素质的培养，很多国家从中小学起就抓孩子的素质教育。

二、信息化背景下大学英语教师专业发展的途径

在信息化背景下，大学英语教学对英语教师的专业能力提出了更高层次的要求，如何实现教师的专业化发展逐渐受到了人们的关注。下面就从几个方面来探究信息化背景下大学英语教师专业发展的途径：

（一）提升专业能力

教师要想在跨文化教育背景下提升自身的跨文化意识，就需要提升自身的专

业能力。具体来说，可以从以下两点着手：

1. 专业引领

当前，我国的大学英语教学在不断革新，先进的理念需要有骨干、研究者的带领，才能促进自身的专业发展。一般来说，教学专家、资深教师等都可以起到专业引领的作用。普通大学英语教师要向他们学习，接触先进的思想与经验，从而推动自身的专业化发展。

（1）专业引领的要求

要发挥专家与普通大学英语教师之间的能动性与积极性。不同的引领人员，所侧重的层面必然不同。科研专家非常注重教学理论，其在引领上更注重理论与实践的结合。骨干教师注重教学实践，其在引领上更注重具体操作。但是无论是哪一种引领，他们都需要具有较高的引领能力，既能够在理论上进行指导，也能够在具体操作中提供建议。对于普通的大学英语教师而言，他们应该配合专家与骨干教师，对其给予的建议要认真听取，择优采纳，并从分析与总结自身的教学问题，对自己的教学活动进行反思，提升自身的专业素质。

大学英语教师要保证内容、目标等的正确，采用的方法要恰当。大学英语教师专业发展的总目标在于让他们能够对新知识、新信息予以把握，并且能够在这些新知识、新信息的基础上提升自身的专业素质。不同的大学英语教师之间存在着个体的差异，在专业发展、水平上也必然不同，因此在进行专业引领时，需要考虑不同教师的具体情况，对不同的教师制定与他们相符的方法，从而实现专业引领的合理性与有效性。

（2）专业引领与大学英语教师专业能力发展

从上述分析可知，专业引领对于大学英语教师专业能力发展非常重要，具体可以从如下三个层面着手：

第一，阐述教学理念。大学英语教师的教学行为往往会受到教学理念的影响，因此在专业引领中，专家、骨干教师等应该尽可能引导普通的大学英语教师熟悉与掌握教学理念，可以采用讲座或者报告等形式。

第二，共同拟订教学方案。当普通的大学英语教师掌握先进的理念之后，专家、骨干教师应该与普通的大学英语教师共同探讨先进的教学方案。在这一过程中，专家、骨干教师不仅是引领者，还需要对普通的大学英语教师的教学设计提出建议、给予指导，从而让普通的大学英语教师的教学设计更为完善。在专家、骨干教师等的引领下，普通的大学英语教师能够顺利地制定出与教学理念相符的教学方案，并将这一方案付诸实践。

第三，尝试指导教学实践。当制定完教学方案之后，就需要将其付诸实践，从而对教学方案进行验证。在验证时，专家、骨干教师应该参与其中，对教师的教学行为进行记录，并与具体的方案进行对比，找出差距。在教师结束课堂教学之后，专家、骨干教师应与普通的大学英语教师进行分析与探讨，对教学方案进行修订，从而使方案更完善、更切合实际。

2. 课堂观察

课堂观察是指通过有计划的观察，对课堂的运行情况以及一些细节进行分析与记录，从而改进教师的课堂教学与学生的学习。

与一般的观察相比，课堂观察要求观察者有明确的目的，并借助观察表、录像设备等手段，直接或间接地从课堂收集资料，并对收集的资料进行研究与分析。

（1）课堂观察的步骤

在课堂观察之前，首先，要明确解决的问题，保证观察的针对性；其次，要根据相关问题制订教学计划。一般来说，教学计划的内容包括时间、地点、方式、课次等。如果条件允许，可从具体的要求出发，对观察者进行专门的培训。

在课堂观察过程中，就要采用一定的观察技术手段，从课堂观察之前制订的观察要点与观察量表出发。选择恰当的观察角度与位置，进入观察状态，通过采用不同的记录手段，在技术层面将定性与定量方法相结合。在观察过程中，还需要对典型的行为进行记录，尤其是记录下实际情况与自己的思考。

课堂观察结束后，要对记录的资料、收集的材料进行分析与整理。课堂记录的资料分为两种：一种是定量性质的，另一种是定性性质的。这两种资料所采用的分析手段不同，但是目的却是相同的，即通过系统的分析，对课堂行为间的关系进行了解与把握，解决课堂中存在的实际问题。通过分析与整理，所有参与者最终一起探讨出相关的解决方案。

（2）课堂观察与大学英语教师专业能力发展

课堂观察对于大学英语教师的专业发展有着重要的意义，具体而言表现为如下两点：

第一，课堂观察有助于教师专业发展的实践反思。基于课堂观察的自我反思是教师在教学中做出的并能够产生结果的分析与审视。在反思的过程中，教师将自己视作有见解、有理想、有决策能力的人。这样，教师就会对教学行为、教学计划等进行分析与自评。反思能力的养成是确保教师继续学习的基本条件。在反思中，教师对自己的专业视野加以拓宽，将自己追求超越的动机激发出来。同时，这种观察不仅有助于教师的教学实践与教学行为的改进，还有助于不断提升自身的教学水平与教学质量促进自身的成长。

课堂观察使得教师对课堂生活进行真正的认识，也有助于不断激发教师进行自我发现、自我设计。通过自己与同事的观察，教师能够不断提升对自我的认识，不断增强自信心与责任感，由此促进教师批判地、系统地分析自己的教学行为与教学水平，发展自己的判断能力，使自己与其他同行通过通力合作解决教学中存在的现实问题，并通过课堂观察，对自己的教学不足加以改进，提升自身的教学水平与教学质量。

第二，课堂观察有助于加强教师对课堂的驾驭能力。教师对于教室内发生的教学管理、教学行为等，只有进行全面的、系统的观察，才能真正地将课堂中自己的各种行为记录下来，从而保证教学能够顺利地开展，并获得口头的或者书面的评价资料等。因此，对于教师来说，课堂观察是理解与解释课堂事件背后的意义最为直接的方法，对于教师理解与把握课堂行为，有着极其重要的作用与较高的价值。

教师要想对自己课堂上的表现与行为有清楚的认识，必须进行课堂观察，通过课堂观察、课堂行为的分析，教师能够获得更为详细、丰富的与自己、与学生相关的反馈。在观察中，教师能够发现自己或者其他教师的问题，让自己清楚地认知自己的教学行为。另外，在课堂观察之后，教师能够与其他教师进行交流与探讨，对自己的教学行为进行反思并加以改进，找寻恰当的教学策略，从而积极主动地改进教学中存在的问题。总之，课堂观察有助于教师对自己的课堂行为、课堂观念有清楚的认识，进而对自己的教学进行自我评价，从而激发自身对专业发展的积极性与兴趣。

（二）提高专业意识

教师的专业发展意识是教师按照教师专业化的要求，对自己专业发展过程、目前专业发展状态、未来专业发展规划的系统化、理论化的认识。教师的专业意识是在教师的自我意识、职业认同、动机的基础上产生与呈现的，其对于教师素质与能力的拓展起着重要的规划与导向作用。

要想提高大学英语教师的专业意识，就要掌握一定的方式、方法和策略，这是信息化教学能力培养的中观层面。在这一层面中，大学英语教师的职前培训、教学实践、在职培训、协作交流、自主学习等是最为主要的几个方面。

1. 进行职前和在职培训

大学英语教师信息化教学能力的发展是一个系统的过程，进行职前与在职培训是促进大学英语教师信息化教学能力发展的重要环节，职前培训与在职培训是紧密结合的。通过职前培训，大学英语教师能够系统地掌握信息化教学技术的知识和能力，为下一步在大学英语教学过程中运用大数据打下坚实的基础。通过在职培训，大学英语教师能够及时学习最新的信息化教学技术，并可以与更多的大学英语教师进行沟通交流，从而提高自己的信息化教学能力。

2. 传统方式与网络方式相结合

在当今大学英语教学中，利用信息化技术进行大学英语教学时，也不要忽略了传统的大学英语教学方式，要将传统的教学方式与网络方式结合起来进行，教师在教学过程中要不断地与学生进行面对面的交流，不断提高自己的信息化教学能力。随着大数据的不断发展，人们获取信息资源的渠道逐渐多元化，无论是知识的获取，还是教学经验的分享等都可以通过网络来实现。

3. 自主学习与合作交流相结合

在大数据教学背景下，大学英语教师要想具备一定的信息化教学能力，就需要通过不断的学习和努力，以适应不断发展和变化着的学校教育。在平时的工作中，大学英语教师可以通过自主学习掌握基本的信息化技术手段，与其他的大学英语教师进行沟通与合作，多参加一些与信息化教学有关的研讨课等，逐步提升自己的信息化教学能力。在面对面协作交流的过程中，要注重提高虚拟的、跨时空的协作交流能力。这对于大学英语教师掌握信息化技术，提高大学英语教学水平具有非常大的帮助。

4.技术知识与实践应用相结合

大学英语教师的信息化技术知识与能力主要是通过职前培训得到的,但需要注意的是,仅仅掌握信息化技术知识是远远不够的,还要具备一定的技术知识与实践应用相结合的能力。通过大数据的培训,大学英语教师可以在学习中体验和模仿,强化对大数据知识的实践应用。只有将技术知识与实践应用充分结合起来,才能实现既定的学习目标。

信息化教学的技术手段有很多,作为一名大学英语教师,一定要学习和掌握基本的教学技术软件,这一点对于一些年龄较大、不易接受新鲜事物的大学英语教师来说尤其重要。在平时的信息化教学中,PPT演示文稿、多媒体教学软件等都是最为常用的技术,大学英语教师还要利用计算机收集和掌握一些教学素材,不断提高自己的多媒体技术,从而不断提高自己的信息化教学能力。随着现代信息化技术的不断发展,网络上出现了各种培训课程,其中有关网络技术的培训课程也是相当多的,这一部分课程既有免费的也有付费的,通常都有着较强的专业性,作为一名大学英语教师,尤其是信息化技术教学水平较差的教师,可以多参加一些网络技术课程的学习,从而提升自己的信息化教学能力。

第三节　信息化与大学英语学习方式的改革

一、自主学习

(一)自主学习简述

1.自主学习的定义

最早在英语教学中引入"自主性"这一概念的学者是霍莱克。他在《外语学习中的自主性》中用"能对自己的学习能力负责"来定义自主学习。

在齐莫曼看来,自主学习是学生在学习过程中的一种状态,即学生的认知、情感和行为都比较活跃。他认为元认知、动机和行为这三个要素共同构成了自主学习。学生的自我激发产生了动机,元认知和行为共同完成了自主学习环境的创设,包括物质环境和社会环境。他还提出了涵盖六大问题的自主学习研究框架,第一大问题——"为什么学";第二大问题——"如何学";第三大问题——"何时学";第四大问题——"信息技术背景下大学英语教学理论体系的建构与探索";第五大问题——"在哪里学";第六大问题——"与谁一起学"。除此之外,他还提出了学生自主学习的过程。以国外的相关研究为基础,以我国英语教学的实际情况为参考,国内有些学者从不同角度界定了自主学习。

程晓堂从以下三个方面解释了自主学习的含义:

第一,自主学习是学生对自己学习能力的指导和控制。例如,对不同学习方法进行选择的能力、依据学习任务选择学习活动的能力等。

第二,可以将自主学习看作学校、教育行政部门等赋予学习者的自主程度。

第三,自主学习的必要前提有两个:一是,在教育机制中为学习者提供一定的自主学习空间;二是,学习主体需要具备一定的自主学习能力。

庞维国对自主学习的研究包括两个角度,即横向和纵向,用"能学""想学""会学"和"坚持学"来解释自主学习。以自我意识的发展为基础,自主学习可以定义为"能学";以内在学习动机为基础,自主学习可以定义为"想学";以掌握一定的学习策略为基础,自主学习可以定义为"会学";以意志努力为基础,自主学习可以定义为"坚持学"。

总之,自主学习与传统的英语教学法存在着本质的区别,学生在传统的英语教学法中扮演的角色是知识的被动接受者,而在自主学习教学法中则扮演着知识的主动获取者,自主学习非常重视学生的主体地位。

2. 自主学习的特征

齐莫曼、奥德曼和宾特里奇针对自主学习的特征分别提出了自己的观点,如表 5-3-1 所示。

表 5-3-1 自主学习的特征

人　物	观　点
齐莫曼	①自主学习可以自我调节,主要体现在以下方面:元认知、动机、行为等。 ②自主学习可以有效地自我监控,学生可以通过自我监控的结果去反复地调整自己的学习活动。 ③自主学习不仅可以选择正确的学习策略,还可以做出适当的反应。

续表

人　物	观　点
奥德曼	自主学习者应当具备以下特征： ①能够找到学习成功或失败的正确原因，并对自己的学习负责。 ②具备强烈的学业自信心。 ③有坚定的信念，相信成功源于努力。 ④结合自身学习的实际情况，制定科学、有效的学习目标。 ⑤关注自主学习在学习中的重要作用，分析其对未来的影响。 ⑥具备学习策略，并可以依据自身的学习特点和个性特点选择正确的学习策略，时刻监控、调节学习的过程。 ⑦可以有效地管理学习时间、有效地使用学习资源。
宾特里奇	①在学习过程中，自主学习者可以树立学习目标，并对学习策略主动地创设，从而探索学习真正的意义。 ②自主学习者可以理性地看待那些由于个体差异而形成的缺陷，并对学习行为进行监控和调节。 ③自主学习者可以自我评估学习效果，及时地调整学习目标和学习标准，保证学习过程的正常进行。 ④外部情境和个体差异都可能对学习过程产生影响，针对这一现象，自主学习者可以进行有效的调节，使学习效果不断提高。

总之，自主学习不仅具有自主性，还具有能动性，其中，自主性是自主学习的本质，能动性是自主学习主体的品质。因此，可以用自立性、自为性、自律性来概括自主学习的基本特征。

3. 自主学习的意义

大学生的自主学习能力是必不可少的。在大学英语教学的过程中，自主学习对学生英语水平的提升及教学过程的深化有着重大意义。大学生在学生时代具备了自主学习的能力，便会终身受益。

（1）提高英语学习水平

提高学生的英语学习水平是在大学英语教学中应用自主学习最直接的意义。教师向学生传授英语基础技能，使学生对英语教学中的重难点有一个深入地了解和准确的把握，提高学生自主学习的有效性。

（2）提高英语学习技能

自主学习技能的运用可以使学生自身的英语水平得以提高，还可以提升学生的其他相关技能。例如，对单词的总结和归纳不仅可以使学生掌握更多的单词，还可以提升学生的阅读水平、翻译水平等。

4. 自主学习能力培养的途径

自主学习可以体现学生的各项能力。学生仅仅通过有限的课堂教学是难以获取全部知识和能力的，依靠学生课下自主学习才是大学英语教学取得成功的有利方式。在学习的过程中，过分依赖教师则难以掌握适合自己的学习策略，难以完成学习目标。培养自主学习能力应当做到以下四点：

（1）转变教育观念

提倡以学生为中心的教学模式。教师自主是自主学习的决定性因素，而教师自主的基础是转变对角色的认识。在现代教学观中，教师的职责包括以下四个方面：

①以学生的具体情况为依据，对策略介绍进行妥善的安排，选择合适的活动方式，组织开展课堂活动。

②教师在活动的过程中应当对活动的节奏和时间进行适当的控制，使活动能够顺利地进行下去，并以最快的速度完成。

③教师应当就学生完成任务的情况给予恰当的反馈，让学生从他人的眼中了解自己，有利于学生对自己有一个清晰的认识，在体验成功的同时认识到自己的不足，并根据教师的反馈对自己的学习行为进行适当的调整。

④在某种情况下，教师给予学生一些帮助和激励甚至直接参与到活动之中，对活动的顺利展开和学生获取知识和技能有着积极的作用。

（2）培养认知策略和元认知策略

培养学生的自主学习能力包括两部分：培养学生的认知策略，也就是培养学生的学习策略技巧，包括记忆策略、交际策略等；培养学生的元认知策略，使学生可以选择适当的学习方式，对学习的全过程进行监督和控制以及及时对任务完成情况进行评估。

（3）帮助学生树立独立学习的自信心

学生学习的责任感可以激发出学生学习的动机，从而使学生的学习走向成功，学生面对自身在学习上的成功，使其对自己独立学习的自信心更加强烈，这样，学习的良性循环就形成了。

（4）使学生对自己有个正确的定位

丰富的元认知知识体现了学生自主学习能力的发展，元认知能力的发展也体现了自主学习能力的发展。元认知知识包括两部分：一是描述性知识，二是程序性知识。前者是对自身和自身学习水平的认识，它包括策略知识。对于学生自主学习能力的培养，需要做好以下准备：首先，让学生进行自我定位，让学生重新从根本上认识自己、深入地剖析自己；其次，引导学生树立正确的学习目标，结合实际情况，制订符合自己的学习计划。

在英语教学中，学生学习成绩和综合素质的提高都依赖于自主学习能力的培养。为学生装备学习的工具是语言学习和语言教学的目的。现代教育提倡"终身学习"，英语教学要考虑的首要问题是：在以后的学习中，学生能否独立地获取知识，能否拥有继续学习的能力，能否成为独立的语言学习者和语言使用者。在英语课堂中，培养学生自主学习能力的途径就是在课堂中引入自主学习。

（二）基于信息技术的大学英语自主学习简述

信息技术普遍应用于学习之中，英语自主学习在网络上的普及度也越来越高。信息技术这一媒体具有多语言性，它促进了英语自主学习的发展。下面就来简要概述基于信息技术的大学英语自主学习：

1.基于信息技术的大学英语自主学习的定义

基于信息技术的大学英语自主学习指的是学生借助信息技术，主动运用与控制自己的动机、认知、行为等展开学习。信息技术所具备的自身特点对于自主学习的展开有着非常重要的意义。

首先，信息技术的平台提升了学生的学习兴趣和积极性。在信息技术背景下，学生可以从自己的需要出发，选择合适的时间与方式展开学习。学习能否取得效果在于学生能否进行自我控制。其次，各式各样的信息工具对于学生自主学习能力的培养、学习策略的提升有很重要的作用。这些信息工具包括专家系统、智能导师系统、多媒体教学软件、虚拟教师、聊天室、BBS等。

2.基于信息技术的大学英语自主学习的模式

基于信息技术的大学英语自主学习模式主要有三种，具体如下：

(1) 麦考姆斯自主学习模型

在自主学习研究领域，麦考姆斯的观点非常具有代表性，他在《自主学习和学业成绩：一种现象学的观点》一文中提出了自主学习的模型。麦考姆斯认为自主学习可以分为以下三个阶段：目标设置阶段、计划与策略选择阶段、行为执行与评价阶段。该自主学习模式突出了学习动机的作用，重视个体对自身能力的认知，在此基础上进行系统的学习训练。

(2) 巴特勒的自主学习模式

①理论基础。在加工理论的基础上，巴特勒提出了自主学习模式。他提出了教学中的七个要素，以及著名的"七段"教学论。巴特勒提出的这一理论在国际上产生了很大的影响。

②基本程序。自主学习模式的基本教学程序，如图5-3-1所示。

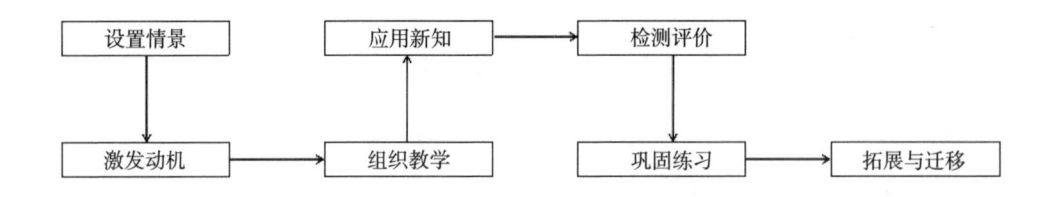

```
设置情景 ──→ 应用新知 ──→ 检测评价
   │            │            │
   ↓            ↑            ↓
激发动机 ──→ 组织教学    巩固练习 ──→ 拓展与迁移
```

图 5-3-1　自主学习模式的教学程序

③自主学习过程。巴特勒认为，以下四个阶段组成了一个完整的自主学习过程，如图5-3-2所示。

```
任务界定阶段 ──→ 目标设计阶段 ──→ 策略执行阶段 ──→ 元认知调节阶段
```

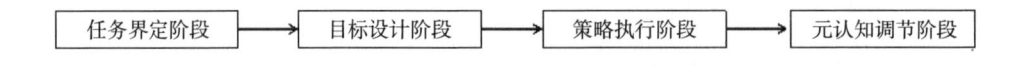

图 5-3-2　巴特勒的自主学习过程

第一，任务界定阶段。这是自主学习过程的第一阶段。学生在这一阶段以各种条件为基础对学习任务的特征和要求进行理解和解释，明确自己的学习任务以及自己在这项任务完成的过程中所具备的优势和劣势。

第二，目标设计阶段。这是自主学习过程的第二阶段。学生在这一阶段的主要任务包括界定学习任务、构建学习目标、制订学习计划、选择学习策略。

第三，策略执行阶段。这是自主学习过程的第三阶段。学生在这一阶段的主要任务是执行第二阶段所构建的学习目标和制订的学习计划。

第四，元认知调节阶段。这是自主学习过程的第四阶段，也是最后一个阶段。学生在这一阶段要运用学习策略来执行、加工学习任务，形成最终的学习结果。

巴特勒认为，情感与行为是学习的主要特征。通过元认知可以使学生了解当前的学习目标与学习情况，从而对自己的学习结果做出一定的评估，并为下一轮的学习提供参考。

④教学原则。巴特勒的自主学习模式是从信息加工理论出发，重视元认知的调节。这种模式是利用学习策略加工学习任务，产生学习结果。教师在运用这种模式的时候，要充分考虑每个步骤的影响因素，根据不同情况找准侧重点，并且要经常提醒学生对自己的学习行为进行反思。

⑤辅助系统。这一模式对课堂环境的要求不高，主要是教师需要掌握相关的教学策略。

⑥教学效果。这种教学模式具有普遍适用性，能够根据不同的教学内容进行转化，教师只要灵活地运用这种模式，激发学生的主动性、有效性和独立性，不断地优化学习过程，就能够获得理想的教学效果。

⑦实施建议。这种教学模式对教师的要求比较高，教师不仅要具备教育学知识和心理学知识，还要掌握相关的元认知策略。

（3）齐莫曼自主学习模型

齐莫曼认为，自我、行为、环境之间的相互作用是自主学习所涉及的主要内容。学生要结合自己实际的学习情况及时地调整自己的学习过程，并通过相关的反馈信息对学习环境进行适当的调节。自主学习强调学生要通过相应的学习策略对自身的学习行为进行调整，从而营造一个有利的学习环境。①以下三个阶段是齐莫曼自主学习过程自主学习所包含的主要内容，如图5-3-3所示。

计划阶段 → 行为和意志控制阶段 → 自我反思阶段

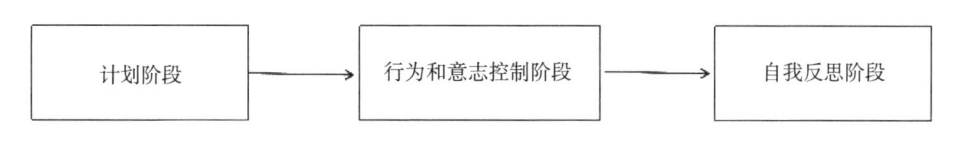

图 5-3-3 齐莫曼的自主学习过程

---

① 张勇，潘素萍.齐莫曼的自主学习模型理论与启示[J].高教发展与评估，2006（1）：48-50.

第一，计划阶段。这一阶段包含两个过程，一是任务分析过程，主要是通过设置目标对预期性的具体结果进行确定，再以此为依据对策略计划进行选择；二是自我动机过程，学生对学习的信念形成了学习动机，学习动机是一种内在的力量，推动着学习过程的顺利进行。

第二，行为和意志控制阶段。这一阶段包含两个过程，一是自我控制过程，主要任务就是使学生的注意力集中在学习任务上；二是自我观察过程，主要任务是追踪学习行为的进展。

第三，自我反思阶段。这一阶段包含两个过程，一是自我判断过程，就是判断学生的实际学习结果与预期学习结果的符合程度，判断学习结果的重要性，分析形成这一结果的原因；二是自我反应过程，包含两种反应，即自我满意和适应性或防御性反应。前者是指学生采取积极的态度去评价自己的学习结果，与物质奖励相比，学生更加注重自我的满意感。而后者中的适应性反应是指学生在遭遇失败后对学习方法进行适当的调整，并期待着成功；防御性反应是指针对学习任务采取消极态度的行为，造成这种消极态度的原因是对失败的恐惧。

（三）基于信息技术的大学英语自主学习的具体措施

教师在基于信息技术的大学英语自主学习中扮演着引导者的角色，教师要引导学生积极主动地参与到学习中去，充分发挥学生的主动性。同时，教师还要对自主学习过程中的问题进行有效的处理。基于信息技术的大学英语自主学习应该注意以下三个方面：

1. 自主学习行为的合理监控

开放性的信息技术环境要求教师要合理监控基于信息技术的大学英语自主学习。以下几点就是教师对学生基于信息技术的自主学习行为监控的主要内容：

第一，引导学生进行学习计划的制订，并鼓励其结合自己实际的学习情况选择恰当的学习方法。

第二，让学生对自主学习报告进行填写，使学生对自身的学习情况有一个清晰的认知。

第三，为学生布置含有合作性质的学习任务，使学习目标更加具体、形象，使学生更加深入地认识自主学习。

第四，对学习过程进行监督，可以采取以下方式，如阶段考试、管理模块等。

第五，开展交流讨论活动，为生生、师生之间的交流学习经验提供平台，培养良好的师生关系、生生关系。

2. 批判性思维能力的培养

王守仁认为，影响基于信息技术的自主学习效果的积极因素有很多，包括自我效能感、信息技术条件、信息搜索等。正因如此，对于批判性思维能力的培养是基于信息技术的大学英语自主学习的必要任务，以元认知策略、情景性策略为指导，培养学生的批判性思维能力。培养学生的批判性思维可以使学生在面对各种复杂环境时表现得更加从容。

3. 提升信息技术下的自我效能感

个体相信自己有完成某种或某类任务的能力，这就是个体的自我效能感，其有高低之分，针对高自我效能感和低自我效能感，国外学者进行了相关研究，研究结果如表 5-3-2 所示。

表 5-3-2　不同自我效能学习者的学习特征

	高自我效能学习者	低自我效能学习者
任务定向	接受的任务富有一定的挑战性	回避挑战性任务
努　力	在富有挑战性的任务中付出的努力更多	在富有挑战性的任务中付出的努力更少
意志力	不达目标不罢休	达不到目标会放弃
信　念	相信成功就在眼前；即使没有达到目标也能控制自己的情绪；相信自己能控制环境	当目标难以实现时会产生紧张焦虑的感觉；认为自己难以控制环境
策略运用	放弃无效的策略	坚持使用无效的学习策略
成　绩	能力相同，高自我效能感的学生成绩更好	能力相同，低自我效能感的学生成绩更差

由表 5-3-2 可知，在自主学习中，自我效能感发挥着重要的作用。

第一，学生在选择学习任务时会受到自我效能感的影响。一般来说，大多数学生会选择那些比较容易完成的学习任务。但是高自我效能感的学生正好相反，他们会选择那些适合自己能力的任务，这些任务都会具有一定的挑战性，一旦选择成功，他们就会全力以赴地去完成。

第二，在制定学习目标时，高自我效能感的学生会制定更高的目标，他们更愿意通过个人的力量来完成具有挑战的目标，并对自身的学习行为进行监控，对学习计划进行及时的调整。

第三，在遇到学习问题时，高自我效能感的学生所坚持的时间更长。高自我效能学习者可以对自身的情绪进行有效的调节，从而促进学习任务的完成。

第四，与低自我效能学习者相比，高自我效能学生的学习焦虑更轻，无论遇到什么样的学习任务，都能保持头脑冷静，将注意力集中在对问题的解决上。

随着时代的发展、教学的改革和人才培养质量的提升，基于信息技术的大学英语学习模式的出现成为必然。在英语教学中，教师应当充分发挥自身的指导作用，努力颠覆传统的角色设定。在英语学习中，学生应当积极主动地参与到学习中，明确自身的主体地位。信息技术的出现不仅推动了师生关系的良好发展，还促进了学习模式的创新，为英语教学提供了一个良好的环境。在英语教学中应当充分运用信息技术，不断提高我国大学英语的教学效果。

（四）基于网络信息技术的大学英语自主学习的新趋势

信息化、网络化和国际化已成为 21 世纪社会发展的主流。随着计算机技术的飞速发展、网络多媒体技术的普遍应用，使教育领域发生了一场大的变革。这场变革涉及教育教学的诸多方面，如教学内容和方法、课程设置、教学管理等。20 世纪 90 年代末期以来，在国际"网络教育热"的影响下，我国高等院校不断更新网络信息技术，不断进行网络信息建设，使网络教学条件实现了质的飞跃。网络与多媒体课件的结合有以下几个特点：信息技术的综合化、传输的网络化、资源的系列化、处理的数字化、教学过程的智能化。网络信息技术背景下大学英语自主学习逐渐进入了大众的视野。在网络信息技术背景下，大学英语教学模式也处于不断的发展变化之中，传统的教学模式是以教师为中心的，教师是课堂的主体，这种教学模式正在发生转变，新型教学模式更加重视"学生主体、教师主导"的教学理念。网络为教学互动提供了多种可能，网络也为教学多元化评估提供了多种渠道；网络为合作学习提供了多种可能，网络也为个性化自主式学习的开拓提供了多种渠道。随着全球化现代教育的发展，越来越多的人开始认可网络课程的先进性，正如有些学者预测的那样，5年之内人们将达到语音识别的初级阶段，即使用语言而非文字进行计算机的输入，因此人机对话才是其未来发展的前景。

在学习的过程中，归入电子信箱的问题包含了学生从教学软件上难以得到答案的问题，之后由教师输入答案，以满足学生的需求。题库是测试系统的主要形式，测试系统一般包括两个部分：一是检查性测试，其目的是对某一阶段的学习成果进行复习巩固，其设计初衷是对学习过程中某一阶段的效果进行检查；二是进阶性测试，其目的是评定学生的进阶能力，课程学分的取得与否是由进阶能力通过与否直接决定的。人—人教学系统应包括课堂教学和导学两个子系统。课程教学系统包含的内容多种多样，主要包括以下几种：指导性课程、课题型课程、讲座型课程、参与型课程。以课题型课程为例，它以一个课题为课程内容，课题型课程开展的目的有两个：一是对学生实际操作能力的培养，二是对新世纪复合型人才的培养。导学系统的主要功能包括：在教学中负责人对人的答疑、解答软件系统无法完成的特殊问题和要求、教师为学生提供指导的重要形式、增加教学过程的人性化。

管理系统由三部分组成：一是人—人教学管理，它主要负责设计与操作相关的课程；二是人—机教学管理；三是总体管理，它主要负责协调以上两部分的关系。

构建一个为英语教育的长足发展服务的教育体系将成为我国英语教育的发展趋势，这一教育体系具有三个特征：一是具有我国本土特色，二是具有创新意义，三是具有实践价值。在研究方法方面，理论反思和实证研究的结合是大学英语教师所注重的。在研究内容方面，则强调五方面的内容：一是多学科的融合，二是国际化与本土化的契合，三是外语教育阶段性的衔接，四是理论性与实践性的契合，五是师生互动、知识积累与能力提高并重。随着网络信息技术的发展，从辅助教学到教学前台的全面转变已经实现，大学英语教学正面临着发展的机遇和挑战。

二、体验式学习

（一）体验式学习简述

1. 体验式学习的定义

在英语学习中，关注学生学习的动机，使其在心理和情感上获得真实的体验，这就是体验式学习。在体验式学习中，扩大积极情感的作用范围可以使教学和学习效果更好。

我国学者盛爱军认为，教育应当充分发展学生的心灵，让学生在开放和个性化的情境中深切地感悟自己的潜能和周围的世界，并将自己的潜力通过多种体验渠道施展出来。

体验式学习需要教师设计一定的教学情境来对教学内容进行呈现和还原，这种教学情境的设计要以学生的认知特点为依据。体验式学习重视学生获得知识的过程，将教学的人文性充分地体现了出来。在体验的过程中，学生不仅可以对自身的知识进行建构，还可以提高能力、丰富情感，实现学生有意义的学习。体验式学习过程重视对知识的反思和对经验的总结，它不是学生获取知识的简单过程，而是具有实践性和思考性的复杂过程。

大卫·库伯是美国著名的体验式学习大师，他认为体验学习是一个循环的模式，主要包含以下四个阶段：

第一阶段：具体的体验（concrete experience）。

第二阶段：观察与反思（observation and reflection）。

第三阶段：形成抽象的概念和普遍的原理（formation of abstract concepts and generalization）。

第四阶段：在新的情境中检验概念的意义（testing implication of concept in new situations）。

2. 体验式学习的类型

在受教育者身心发展规律和学习任务的基础上，了解体验式学习的类型，不仅有利于我们有效地组织教育实践，采取不同的方法，做好充分的准备，更好地进行体验式学习，也有利于受教育者根据不同的体验内容和类型特点，确定体验的方式和方法。根据不同的角度，体验学习的类型也是不同的，主要有以下几类：

（1）原体验与再体验

原体验主要包含两种情况：一种是主体扮演角色，另一种是客体扮演角色。原体验是指主体在对某件事亲身经历的基础上产生的情感和认识。原体验是要亲身经历，再体验，可通过他人的经历进行体验学习。再体验是指主体从心理上体验自己和他人的"亲身经历"。受教育者的体验需要教育者来激发和丰富，常见的方式有两种：一种是课外的体验活动；另一种是相应情境的创设。在体验的过程中，学生对事物的理解不断加深，知、情、意不断融合，从而提升了学生的精神境界、升华了学生的心灵。

（2）主动体验与被动体验

哲学上的客体——体验者，哲学上的主体——被体验的事物与情境。被动体验不是通过人们的专门努力而获得的，而是体验对象自发为人们提供的，这里的专门努力指的是意识和反省的能力。换句话说，情感活动的产生和体验的获得有赖于引发体验的事物和情境。例如，偶然听到别人讲述悲惨的故事或者不幸的经历时，你会感到悲伤，体验到苦难。

主动体验不是体验对象自发提供的，而是体验主体主动寻找的。在获得体验对象的体验时，主动体验者需要一定的意志努力，这种体验称作主动体验。例如，当你学习了投资方面的知识，形成了自己的投资思想，你还想进一步把握投资技巧和实践技术，就必须寻找到一种投资途径，验证你的书本知识和投资思想，以便进一步体验投资知识、投资思想、投资目标，实现整个活动过程。我们的学习是有目标地学习，学习的活动是有计划的，因此，我们进行体验学习的活动主要是主动体验这一维度，即教育者或受教育者要有目标有计划地对体验学习活动进行组织和充分准备。

（3）创造体验与接受体验

在教育体验活动中，接受体验最为常见，接受体验是一种有意识的陶冶。随着历史的积淀，人类的精神活动逐渐成为一种财富，教育者从这些财富中选择具有价值的内容，将其作为教育资源，如哲学、历史、经济、自然、文学艺术等人类已经体验过的知识进行体验学习。接受体验具有传递性和接受性的特征。

人们在创造实践中获得了创造体验。在学生的创造潜力和创造性的基础上，创造体验随时都可能出现，从而带给人们无限的喜悦。教育者或受教育者可以根据学习的内容选择接受体验或创造体验。

（4）期待体验、现时体验与追忆体验

依据人类文化学的观点，在人生重要的转折点，如毕业、入党等，人们的接受和体验总是倾向于集体性，这一转折往往标志着地位的改变、身份的改变和角色的改变，使人们对生活的好奇感不断增加，从而形成强烈的期望感。人性的一个必要部分就是思考着未来，生活在未来。期待和憧憬是人们必不可少的一部分。

从当前正在从事的活动中获得的体验就是现时体验。现时体验极大地影响了人的身心，在积极的现时体验中，人们可以体验到愉悦、舒畅的心情和丰富的情感，从而实现境界的提升和心灵的升华。

追忆体验可以把最好的、最值得珍视的情感通过想象、联想和记忆进行重新提取，还可以将平淡生活中美的因素挖掘出来。追忆体验唤起人们对已逝生活的回忆，使人们积极地享受人生。我们可以根据教学的目的和要求。整合教学和学习资源，采取期待体验、现时体验、追忆体验等方式，进行有效体验，充分感受人类生产生活活动带给我们的馈赠，以达到掌握知识、增强素质、提高能力的学习目标。

（5）各个专项体验

比如亲情体验、爱心体验、社团体验、跨文化体验、职业体验以及专题体验等体验活动，每一项体验都包含了特定的学习内容，通过对规定的内容的体验学习，强调学习中的体验、体验后的感悟，使原来静态的知识经验在个体的心灵中被激活、被催化，产生广泛的联系，获得新的意义，促成积极的、创造性的活动。它是一种主动式的、有目的的体验式学习活动，能有效使学生经过体验达到对某一项内容或活动实践的深刻理解和掌握。我们可以根据培养目标和所需掌握的内容，设计不同的体验，达到教学目的。

通过对上述不同体验类型的分析和比较，我们发现，各类体验学习不是单独存在的，而是相互交叉和相互联系的。同一种体验可能包含几种类型的体验。要达到某一种教学目标，可以采取不同的体验类型。围绕着教学内容和目标，营造一种身临其境的体验氛围,受到这种环境氛围的影响。受教育者通过体验、内省等方式,积极主动地进行自主学习,并不断内化的过程,就是一种有效的体验学习。任何一种体验类型都具有独特的价值,我们要正视不同体验类型的独特性,选择不同的创作取向,采取不同的体验学习方式。同时,要达到最佳学习效果,跟体验者在学习时的心情也有很大关系。

3. 体验式学习的特征

(1) 要求个体参与

体验式学习强调个体的参与性,强调学生要在学习中获得情感体验。体验式学习的重要特征是积极情感体验的产生,这是由体验式学习的主题决定的,即做中学、乐中学。教师在设计教学情境时要遵循多样性原则和丰富性原则。激发学生的学习兴趣,使学生在学习中体验到快乐。

(2) 侧重真实语境

体验式学习提倡在真实的语言环境中进行学习活动,学生可以通过这种真实的场景对自身的角色进行感知,从而获得相关的语言知识。

(3) 注重学习者对经验的获得与利用

体验式学习在学习者的视线中引入需要熟悉的未来场景。学生通过反复模拟场景,产生一定的生活与交际经验,并逐渐积累。这种积累不是枯燥、乏味的,而是带有趣味性的,可以激发学生的积极性和主动性。

4. 体验式学习的优势

从学校教育史上说,体验式学习多次被边缘化,但是又难以真正分割的原因在于体验式学习自身的优势。具体而言,体验式学习的优势主要体现在如下三点:

(1) 体验式学习中的情节记忆

现代认知心理学将人的记忆划分为两种:一种是陈述性记忆,包括语义记忆、情节记忆等。有关陈述性记忆,个体不仅可以有意识地回忆,还可以清晰地陈述;另一种是程序性记忆,如何做事是这种记忆的核心。程序性记忆的激活和提取常常发生在以下两种情况下:一是在执行动作时,二是在运用认知技能时。个体所包含的记忆与知识接受学习之间的差异非常明显,这可以从斯登伯格的模型中体现出来。

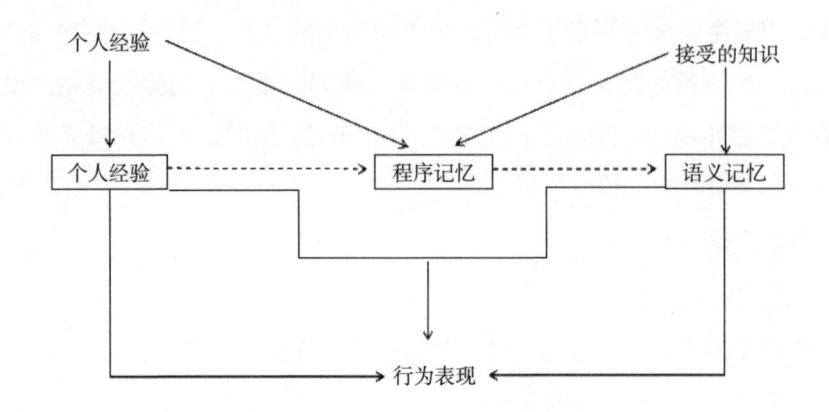

```
                    个人经验              接受的知识
                       ↓                    ↓
        ┌──────┐     ┌──────┐            ┌──────┐
        │个人经验│----→│程序记忆│---------→│语义记忆│
        └──────┘     └──────┘            └──────┘
           │             │                   │
           │             ↓                   │
           │          行为表现                │
           └─────────────┴───────────────────┘
```

图 5-3-4　不同来源的知识的记忆

如图 5-3-4 所示，程序记忆和情节记忆都可以转化为成语义记忆，体验式学习同时包含这两种记忆。被动接受知识的学习方式只涉及程序记忆与语义记忆，并不能获得情节记忆。这就是说，与接受学习相比，体验式学习更加全面、更加丰富，更能够为知识提供丰富的线索，让学习者获得可提取知识的量。另外，语义记忆需要多次记忆，但是情节记忆具有一次性习得的特点，因此可以借助体验式学习获得一些情境性知识。

（2）体验式学习中的情绪记忆

著名学者鲍尔认为，情绪记忆与命题记忆有着相似性，往往以节点形式在记忆中形成表征，且与表征情绪事件的命题节点连接起来。一旦表征事件的某个命题节点被激活，情绪也会随着激活扩散而被激活。在体验式学习中可以同时编码知识记忆与情绪记忆，使其存储在头脑中，这两种记忆具有一致性与共时性。通过双重编码，在体验式学习中获得的知识被激活的概率大大提高使人们更容易回忆起来。

（3）体验式学习的自我决定性

体验式学习与接受式学习相比，个性化和自主性程度更强。体验式学习的中心是学习者，由学习者控制和选择学习的形式、场所、时间等学习条件。除此之外，体验式学习虽然事先规划好了学习目标与过程，但是学习情境具有动态变化性，这种动态变化性可以使实际的学习过程发生改变，包括学习者学习内容的改变、学习目标的改变，从而呈现出开放性，这不仅有助于培养学习者的自我调节能力，还有助于让学习者体验到更多的自我责任感。

（二）基于信息技术的大学英语体验式学习的具体措施

通过发布不同的文本信息、音频对话等方式，基于信息技术的大学英语体验式学习方式可以实现与学生的交流，使学生的学习体验更加丰富。具体而言，基于信息技术的大学英语体验式学习模式的展开的具体措施如下：

1. 开展网络游戏化教学

游戏具有自主性、挑战性和悬疑性，借鉴这一理念，网络游戏化教学是指在游戏关卡中隐藏大学英语教学的目标。学生在年龄阶段和学习情况等方面都存在着差异，以此为依据，教师在网络游戏化教学中可以选择恰当的游戏化教学策略，使学生处于一个轻松、愉快的氛围中，从而更容易地掌握英语知识、提升英语技能。

网络环境是实施游戏化教学的基础，基于网络虚拟现实技术，学习空间的构建更具有趣味性、真实性和丰富性。在网络环境中，学生可以扮演各种各样的角色，体验真实的语言交际。

2. 实施实时交互与协作

随着信息技术的发展，其便利性日益显露。在信息技术环境中，师生之间可以随时进行交互与协作。例如，学生可以将自身学习中的感受和心得发布到网络平台上，或在网络平台上对他人的学习经验进行借鉴。依据学生的反馈信息，教师可以对学生在学习中的难点和体验点进行掌握，使教师的指导更具有针对性，从而帮助学生更好地掌握知识和技能。

信息技术平台不受时间和空间的限制，学生在信息技术平台的沟通更加方便、及时，学生可以借助信息技术平台组成学习小组，实现分工合作。信息技术包含了微信、微博等多种实时交互平台。

3. 创建个性化的学习环境

基于信息技术的大学英语体验式学习方式重视学生个性特点的发挥，使学生一边学习一边成长。如同世界上没有两片相同的叶子一样，世界上也没有完全相同的人，学生之间存在着个体差异，在教学中要根据学生的实际情况为其提供恰当的学习资源。在信息技术环境下，教师可以设计丰富的教学活动以满足学生各种各样的学习体验，让学生主动参与到教学中，并结合自身的兴趣进行学习活动。这样，学生在学习中会更多地体验到成功，有利于他们的自信心的树立。

三、项目式学习

（一）项目式学习简述

1. 项目式学习的定义

"项目"一词源于管理学，项目式学习就是将"项目"这一词运用、延伸到教学领域中。项目式学习是一种探究式学习模式，它是指围绕着学科原理，借助多种教学资源，在真实世界中开展各种探究活动，并解决相关问题。项目式学习是一种系统性的教学方式，它通过对不同问题的探究，使学生获得一定的知识，掌握相关的技能。

2. 项目式学习的特征

第一，项目式学习需要一定的环境条件，一般来说，开展项目式学习的环境要更加真实、具体。

第二，以学习的需求为依据，项目式学习需要对不同的项目进行设定。

第三，项目式学习的内容不能脱离现实世界，在设计问题时，要重视学习问题的实用性。学生在完成任务的过程中不仅要对问题解决的理论有所了解，还要对实际解决问题的技巧有所认识。

第四，项目式学习主张数字化的学习手段，主张运用现代信息技术，如多媒体、网络等。数字化的途径可以使学生的学习资源得到拓展，使学生自主学习的意识得到提高，使学生自主学习能力得到增强，从而培养学生的实践能力和创造能力。

第五，项目式学习重视合作性。完成项目式学习任务需要学生的综合能力，如书本知识、创造性思维、亲身经验、协作互助等，这是因为项目式学习任务具有丰富性。在完成项目式学习任务时，学生间的合作交流就显得尤为重要。

第六，项目式学习坚持以学生为中心的基本主张，它鼓励学生参与实践活动，在实践活动中对知识进行发现、理解和应用。开展项目式学习的主要优势：一是使学生的自主性得到锻炼，二是使学生的主动性得到挖掘，三是使学生的学习能力得到发展，四是使学生的批判性思维能力得到提升。组建协作学习小组是项目式学习的有效方式，通过小组协商使项目研究活动顺利完成。

第七，体现知识统整的思想，并与真实的生活情境相融合。从广度来看，项目涉及的知识可以来源于跨学科的知识；从深度来看，专题覆盖的知识远远超过了单一学科的知识。这样可以使学生形成的知识结构更加清晰，使不同学科的知识更具连贯性。知识的情境性、复杂性在项目式学习中展现了出来，将专题知识与学生生活联系起来，促进了知识的有效迁移。

第八，具有一定的时间跨度，非单学时完成。与传统的课堂教学相比，项目式学习具有一定的时间跨度，项目式学习的完成并非单个课时。驱动性问题是项目式学习的核心，在项目探究过程中融合了各种教学和学习活动。

第九，最终成果是学生的设计作品。项目式学习的设计和创作是以学习小组的形式进行的，从而产生大量与专题相关的作品。这些作品不仅是项目活动的最终结果，还可以以这些作品为依据进行学习评价。教师、学生个体和小组逐一评价作品，从而对学习过程进行反思，对学习结果进行评判。学生在对作品进行展览和汇报的过程中，可以使知识更有条理性。

第十，以学生为中心，重视学生高级思维能力的培养。教材中与实际生活联系紧密的核心知识是项目式学习内容的主要来源，学生要创造性地利用所习得的知识与技能来解决问题。项目式学习始终以学习者为中心，为学生创造了情境丰富的探究环境，让学生在探究活动中充分挖掘自身的智慧潜能，创造性地解决驱动性问题。在此过程中，项目式学习可以促进学生高级思维能力的培养。

（二）基于信息技术的大学英语项目式学习的模式

以下两种类型是基于信息技术的大学英语项目式学习的主要模式。

1. 基于信息技术的自主探究模式

学生、语言任务、参考资料、教师这四个因素共同构成了基于信息技术的自主探究模式。基于信息技术的自主探究模式的基本流程是：首先，教师根据学生的实际情况设定恰当的语言项目任务,学生负责完成这项任务;其次,教师给学生提供必要的引导。教师的指导和帮助会贯穿于学生完成项目的整个过程之中。这种学习模式的主要目的是提高学生的语言应用能力,其整个过程都是以信息技术为背景的,包括收集学习任务信息、提供学习资源等。

信息技术为学生创造的语言环境相对真实,使学生可以不断分析自身的语言状态。在教师的指导下,学生对自身的学习能力有了一个更加深刻的认识。学生在收集和获取信息技术资源的同时,其语言能力也得到了飞快地提升。简化之后的基于信息技术的自主探究模式,如图5-3-5所示。

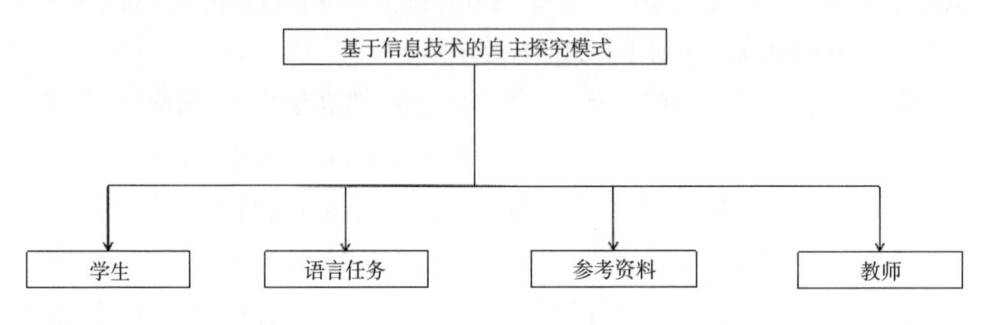

图5-3-5 基于信息技术的自主探究模式的要素构成

2. 基于信息技术的任务合作模式

学习小组、语言任务、参考资料、教师这四个因素共同构成了基于信息技术的任务合作模式。基于信息技术的任务合作模式运用的主要方式是学习小组。学习小组成员运用各种信息技术资源,相互合作、相互交流,共同完成学习任务。基于信息技术的任务合作模式对于学生语言综合应用能力的提升和合作精神的培养非常有益。

教师在基于信息技术的任务合作模式中常常扮演指导者和资源提供者的角色。在项目完成的过程中,教师要针对其中出现的问题对学生进行及时的疏导,对学习小组内部可能出现的问题进行协调,对整个项目完成活动进行整体的把控,从而完成最终的项目评估。有一点需要注意,在布置学习任务时,教师要重视任务的灵活性和应用性。

在基于信息技术的任务合作模式中,学生需要完成以下步骤,如图5-3-6所示。

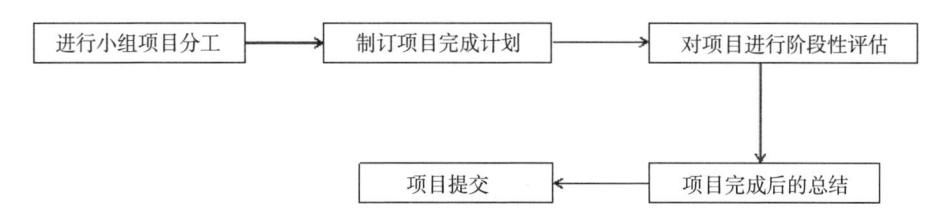

```
进行小组项目分工 → 制订项目完成计划 → 对项目进行阶段性评估
                                              ↓
                    项目提交 ← 项目完成后的总结
```

图 5-3-6 学生在基于信息技术的任务合作模式中的任务

选用英语参考材料、运用英语进行沟通的方式在项目完成的过程中具有显著的优势。信息技术为这种教学模式提供了便利的条件，在信息技术背景下，虚拟的项目完成环境的构建变得更加容易。在项目完成的过程中，不仅培养了学生的团队合作意识，还提高了学生的语言应用能力。简化之后的基于信息技术的任务合作模式，如图 5-3-7 所示。

```
            基于信息技术的任务合作模式
           ↙        ↓         ↓        ↘
        学生小组   语言任务   参考资料    教师
```

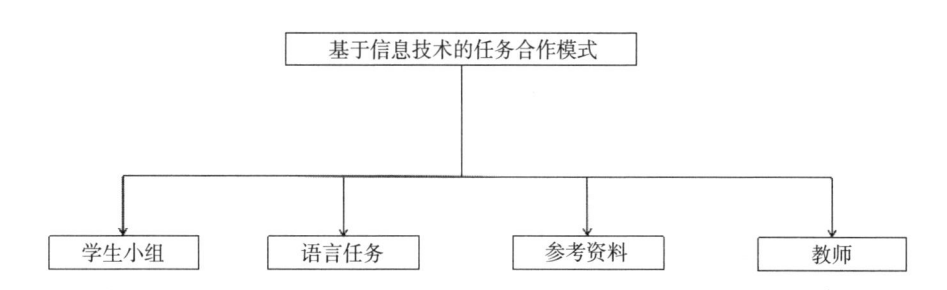

图 5-3-7 基于信息技术的任务合作模式要素构成

参考文献

[1] 周雪. 多元视阈下的大学英语教学研究 [M]. 北京：中国商业出版社，2022.

[2] 段茂超. 大学英语教学创新与实践研究 [M]. 长春：吉林出版集团股份有限公司，2021.

[3] 丁睿. 大学英语教学发展研究 [M]. 长春：吉林人民出版社，2019.

[4] 丽娜. 大数据驱动下的大学英语教学革新与探索 [M]. 长春：吉林人民出版社，2021.

[5] 张铭. 当代大学英语教学理论与研究 [M]. 北京：九州出版社，2019.

[6] 郑丹，张春利，刘新莲. 当代大学英语教学体系建构与实践研究 [M]. 北京：中国纺织出版社，2019.

[7] 于辉. 当代大学英语教学改革多元化趋势研究 [M]. 长春：吉林大学出版社，2018.

[8] 彭奕奕. 网络信息技术与大学英语教学整合模式研究 [M]. 北京：北京工业大学出版社，2018.

[9] 杜艳霞，贡灵敏. 信息技术语境下大学英语教学环境生态探究 [M]. 北京：九州出版社，2017.

[10] 张英. 生态视域下的大学英语教学改革研究 [M]. 上海：复旦大学出版社，2017.

[11] 夏娟. 教育信息化背景下的大学英语应用能力培养探究——评《教育信息化背景下高校大学英语教学改革模式》[J]. 外语电化教学，2023（1）：103.

[12] 李洁. 教育信息化背景下大学英语混合式教学模式构建与实践探究 [J]. 教书育人（高教论坛），2023（3）：107-109.

[13] 孙翠敏. 教育信息化背景下高校大学英语教师信息化教学能力调查现状分析 [J]. 海外英语，2023（1）：152-153，156.

[14] 王丹. 互联网时代大学英语课堂信息化教学探索——评《信息化教学中英语翻转课堂教学模式的建构与教学实践》[J]. 中国高校科技，2022（12）：109.

[15] 周川. 基于信息技术发展探索大学英语教学新路径——评《信息化背景下大学英语教学研究》[J]. 中国高校科技, 2022 (11): 108.

[16] 江潮. 高职大学英语信息化教学应用研究——以信息化教学大赛作品"Business Meals——Deals over Meals"（盘点西餐那点事）为例 [J]. 校园英语, 2022 (46): 16-18.

[17] 张薇. 信息化时代的高校英语生态教学分析与探究——评《信息技术语境下大学英语教学环境生态探究》[J]. 中国科技论文, 2022, 17 (11): 1319.

[18] 胡雯. 信息化背景下大学英语教学改革创新 [J]. 佳木斯职业学院学报, 2022, 38 (11): 61-63.

[19] 高维婷. 信息化时代高职院校英语教学模式的创新路径——评《信息化背景下的大学英语教学改革》[J]. 中国科技论文, 2022, 17 (10): 1191.

[20] 赵丽华. 信息化背景下大学英语翻译教学有效方法探析 [J]. 快乐阅读, 2022 (8): 78-80.

[21] 周晓琴. 基于微课程的项目教学法在大学英语教学中的应用研究 [D]. 太原: 中北大学, 2022.

[22] 苏秋军. 高校英语教师知识可视化信念特征与实践探究 [D]. 上海: 上海外国语大学, 2021.

[23] 翟晨君. 大学英语教师信息化教学能力及影响因素研究 [D]. 济南: 山东师范大学, 2020.

[24] 李莉. 翻转课堂在大学英语教学中的实证研究 [D]. 南宁: 广西大学, 2019.

[25] 贾振霞. 大学英语混合式教学中的有效教学行为研究 [D]. 上海: 上海外国语大学, 2019.

[26] 张建佳. 大学英语教学融合性价值取向及其实现研究 [D]. 重庆: 西南大学, 2018.

[27] 陈西. 信息化背景下大学英语教师信息素养与教学绩效相关性研究 [D]. 南京: 东南大学, 2017.

[28] 罗娟. 转型背景下四川新建本科院校大学英语教学问题研究 [D]. 成都: 西南民族大学, 2017.

[29] 陶涛. 大学英语教学有效性问题研究 [D]. 武汉: 华中师范大学, 2015.

[30] 李洋. 信息化环境下大学英语自主学习教学模式应用研究 [D]. 开封: 河南大学, 2010.